아무도 알려주지 않는

음식점
성공 비결
72가지 개정증보판

아무도 알려주지 않는

음식점 성공 비결 72가지

개정증보판

오쿠보 카즈히코 지음 | 서현아 옮김

북라인

나는 죽어가는 음식점을 살려내는 음식점 닥터이다   여러 가지 일을 해오며 시행착오를 거치는 동안 나는 음식점이 번창하는 데에는 일종의 '법칙'이 있다는 것을 깨달았다.

그 법칙을 잘 적용한다면, 입지 선정에 실패하지 않는 한 반드시 성공할 수 있다. 그러면 그 법칙은 어디에서 끌어낼 수 있을까?

생각해 보면, 우리가 장사를 할 때 앞을 가로막는 커다란 장애물이 있다. 바로 '상식'이다.

바꿔 말하면, 내가 지금까지 성공할 수 있었던 것은 상식을 거부하고 비상식적인 사람이 되었기 때문일지 모른다. 하기는 잘나가는 회사를 그만두고 독립한 것 자체가 비상식적인 짓이겠지만….

나의 이 독특한 전략을 내 고객들은 '비상식적인 마케팅'이라 부른다.

자세를 낮추고 오로지 고객의 눈높이에서 점포를 둘러보면 들을 수 있다. 그 옛날 도겐道元 선사가 중국에서 수도승이 밥짓는 모습을 보고 깨달음을 얻었던 것처럼 고객으로부터 장사하는 '요령'을 들을 수 있는 것이다!

"라면국물이 왜 이렇게 많지?"

"빈자리가 저렇게 많은데…(왜 안내를 안 해주는 거지?)."

"생각보다 맛있네!"

"이런 곳에 식당이 있었어?"

"마요네즈 맛이 산뜻한걸."

우리는 고객이 좋아할 상품을 제공해야 한다!

여러 차례 시식도 해보지 않았는가!

그러나 잘못되었다!

우리의 상식이, 실상 고객에게는 비상식이었던 것이다. 모르는 사이에 상식은 비상식이 되었다.

내가 종종 고객과 함께 미국에 있는 점포들을 돌아보면, 번창하는 음식점은 단순히 '맛'만 파는 곳이 아니라는 것을 깨닫고 모두 문화적 충격을 받는다. 그곳에 있는 점포들은 당연히 살아남을 만한 곳뿐이다.

이제는 경영을 생각하는 업체만이 살아남는 시대가 되었다. 지금까지는 자사 종업원들로 그럭저럭 꾸려올 수 있었을지라도, 정보가 부족하면 바로 뒤처지는 시대가 된 것이다.

음식점은 '눈속임 산업'이 되었다. 이 눈속임에 능하지 않으면 아무리 맛있는 음식을 제공해도 살아남을 수 없다. 그러나 〈베니토라 교자방〉을 경영하는 키와코퍼레이션의 나카지마 다케시 사장의 말마따나 "눈속임

이 보이면 손님은 발길을 끊는" 법이다.

나는 명실공히 '음식점 닥터'로서 많은 '출산'과 '수술'을 집도했고, '의술'을 배웠다. 내가 치료할 수 없는 음식점은 입지 선정에 완전히 실패했거나 경제 사정이 극히 어려운 경우뿐이다. 나는 이 의술을 보다 많은 사람을 위해 쓰고 싶다!

이 책은 음식점 닥터가 쓴 최초의 책이 될 것이다. 이 '의학서'가 모든 점포의 '출산'과 '회복'에 도움이 되기를 바란다.

오쿠보 카즈히코

돈 들이지 않고 점포를 살리는 법 | 47

음식점 경영의 핵심

종업원 관리는 이렇게 하라 | 85
음식점의 인재 경영

팔리는 메뉴, 안 팔리는 메뉴 | 115
음식점의 상품 구성

돈 되는 상품, 돈 안 되는 상품 | 159

돈 되는 상품을 만드는 법

자리가 매상을 깎아먹는다? | 187
음식점의 입지 선정

손님을 부르는 영업 전략 | 215
지금 바로 활용할 수 있는 노하우

잘나가는 음식점은 맛만 팔지 않는다

★ 새로운 맛의 정의

상식적인 **음식 맛**에 연연하지 마라

맛있는 음식점은 줄어들고 맛없는 음식점이 번창하는 이유는 무엇일까? 맛에 대해 생각해 본 사람이라면 한 번쯤은 이런 의문을 품었을 것이다.

이 의문을 푸는 열쇠 중 하나가 '맛의 정의'이다. 너무 막연한 말 같은가? 알기 쉽게 말하면, 이런 뜻이다.

"사람은 미각으로만 맛을 느끼는 것은 아니다. 이미지나 식감食感, 분위기, 기대치 등 다양한 요소가 모여 종합적으로 맛을 느끼게 되는 것이다."

즉 각 음식점마다 추구하는 이른바 '맛있는 음식'을 만드느라 고심하지 말고, 상식적으로는 생각할 수 없는 부분에 착안하여 흔히 말하는 '음식 맛'에 신경이 집중되지 않도록 하라는 것이다.

나는 전에 〈돈가스 신주쿠 사보텐〉(이하 사보텐) 1966년 신주쿠에서 시작, 현재 450개 매장을 가진 일본 정통 일식 돈가스 전문점__옮긴이 체인의 모회사인 그린하우스푸드에 근무하면서 창업주인 고故 다누마 후미조로부터 많은 것을 배웠다. 그에게 맨 처음 배운 것이 이 맛의 정의에 대한 것이었다.

〈사보텐〉은 돈가스를 손님에게 내놓기 전에 작은 절구에 볶은 깨를 담아내고 손님이 직접 그 깨를 갈아 소스에 섞어 먹는 방법을 일본에서 처음 도입한 것으로 유명한 돈가스 전문점이다.

왜 깨를 손님에게 내놓았을까?

비싼 고급 재료를 사용하면 음식은 당연히 맛있어진다. 하지만 그러면 단가가 높아지고, 손님에게 내놓는 음식값도 올라갈 수밖에 없다. 아무리 맛있다 해도 돈가스는 일상적으로 먹을 기회가 많은 음식이기 때문에 값이 너무 비싸면 손님은 줄어들 것이다.

질이 조금 떨어지는 고기라도 깨를 섞어 놓으면 그만큼 고기에 신경이 덜 가게 되므로 맛있게 느낄 수 있다(일본어로 '얼버무림'을 뜻하는 '고마카스ごまかす'는 바로 '깨ごま'에서 온 말이라고 한다).

내가 존경하는 후미조 사장이라면 이렇게 말했을 것이다.

"상식적인 음식 맛에 연연하지 마라!"

전후 식량난 속에서 기업을 일으킨 후미조 사장은, 손님이 직접 깨를 갈아 소스에 넣어 먹도록 하고, 그 깨의 풍미로 맛을 '얼버무려서' 평범한 고기를 진수성찬으로 둔갑시키는 대발명을 한 것이다.

이것이 손님의 관심을 '재료 자체'에서 멀리함으로써 '맛'을 끌어올린다는 새로운 맛의 정의이다.

아주 맛있어야 한다?
조금 더 맛있으면 된다!

후미조 사장의 발상은 상식적인 맛에 연연해서는 도저히 떠올릴 수 없는 것이었다. 그가 깨소스라는 획기적인 아이디어를 처음으로 실행했을 때 분명 다른 점포의 요리사들은 코웃음을 쳤을 것이다.

그는 "라드(돼지기름) 대신 식물성 기름을 사용하여 위에 부담이 적고 맛도 더 좋은 돈가스"를 만든다는 새로운 '정의'도 낳았다. 돈가스 전문가라면 "돼지고기는 라드로 튀겨야 깊은 맛이 나는 법이다"라고 반문할 것이다.

하지만 그는 이 정의를 역이용했다. '라드로 튀겨야 깊은 맛이 난다'는 상식을 깨고, '라드 대신 식물성 기름으로 튀겨 위에 부담이 적다'는 발상의 전환을 이룬 것이다.

돈가스는 워낙 칼로리가 높은 음식인 탓에 지금까지는 부담스럽다는 이유로 피하는 손님도 많았다. 구체적으로는 '건강에 나쁘다'거나 '위에 부담이 간다'는 이유에서이다.

이렇게 뭔가 이성적으로 그럴듯한 이유를 내세워 자신의 욕구나 행동을 억제하는 행위를 나는 '이성의 핑계'라고 부른다.

하지만 '라드를 사용하지 않는다', '식물성 기름으로 튀겨 위에 부담이 적다'는 내용을 적극 홍보한 결과, '건강에 나쁘긴 하지만 먹고 싶다'는 악마의 속삭임에 '다른 돈가스보다는 몸에 좋겠지'라는 정당한 핑계를 달아 편하게 먹을 수 있도록 한 것이다.

이 계획은 대성공했다. 인간의 이성은 모든 것에 '이유'를 대고 싶어한다. 결국 지금까지와는 다른 새로운 정의를 부여함으로써 이 이성으로부터 손님들을 해방시킨 것이다.

이 새로운 이미지 창조보다 더 중요한 사실이 하나 있다.

으레 미식가들은 라드 특유의 깊은 맛과 강렬한 임팩트를 좋아한다. 그러나 식사를 하러 온 일반 손님들은 '맛의 임팩트가 작을수록 그 점포를 다시 찾는' 경향이 있다.

실제로 돈가스를 튀길 때 라드를 쓰는 가정이 얼마나 되겠는가? 미식가는 비일상적인 맛을 추구하지만, 일반 손님은 외식 때 '평소보다 조금 더 맛있는 식사'를 원할 뿐이다.

가정에서 먹는 식사의 연장선, 그리고 가정에서보다 조금 더 맛있는 식사. 이것이 외식의 맛에 대한 진정한 정의이다.

미식가를 버리고
일반 손님을 상대하라

도쿄 아오야마에는 〈마이센〉라는 돈가스 전문점이 있다. 이곳의 돈가스는 젓가락으로도 잘라질 만큼 부드럽기로 유명하다.

하지만 〈사보텐〉에도 이 같은 '특제 돈가스'를 만드는 기술이 있다. 이는 푸석푸석한 냉동 돼지고기를 고기망치로 사정없이 두들기는 다소 엽기적인 방법인데, 이렇게 하면 일반 돼지고기가 놀랍게도 최상급 돈가스로 둔갑한다.

이 방법 역시 후미조 사장의 작품이다. 돈가스 전문가들은 상상도 못할 기상천외한 발상이 아닌가?

사실 '입 안에서 살살 녹는 부드러운 식감'은 미식가보다 일반 손님이 더 선호하는 편이다. 돈가스의 명가 〈마이센〉가 지금도 건재하긴 하지만, 대중 노선으로 일관하는 〈사보텐〉이 점포 수에서는 압도적으로 우세하다는 사실은 이를 증명한다.

게다가 입맛 까다로운 손님들만 모이면 오히려 장사가 안 된다. 이런 손님들은 맛이 조금만 변해도 민감하게 반응하기 때문이다.

그러나 맛을 결정하는 것은 미각만이 아니다.

음식점에서 맛이나 재료 자체가 차지하는 상품력은 전체의 33퍼센트도 안 된다. 정말 중요한 것은 맛 이외의 것, 즉 맛있게 느껴지는 식감이나 이미지이다!

손님의 **평가**에
의존하지 마라

내가 경영 컨설턴트로 독립한 후의 일이다. 나는
한 컨설팅사의 초빙을 받아 '파트타이머도 팔 수
있는 돈가스 만들기'라는 주제의 세미나를 진행했다.

그때 한 대형 슈퍼마켓의 상품 개발 담당자가 내게 이렇게
물었다.

"튀김을 할 때 거품이 나는 이유를 아십니까?"

나는 그때까지 조리 이론에 대해서는 많이 공부하지 못했
다. 나는 그에게 잠시 기다려달라고 하고는 핫토리영양학원에
있는 내 친구 나카야마에게 휴대폰으로 전화를 걸어 물어 보
았다.

"내가 그런 걸 어떻게 알아! 바로 알아볼게!"

그러자 그 상품 개발 담당자는 강사도 모르는 지식을 자신

이 알고 있다는 사실에 의기양양해졌다. 그는 모든 사람 앞에서 자신있게 말했다.

"그것은 물과 기름의 교환 반응 때문입니다."

나는 그 순간 깨달았다.

'고객만족도와 조리 이론은 별 관련이 없다. 그보다 중요한 것은 맛의 정의이다.'

생각해 보면 이해가 되기도 한다. 상품 개발을 하는 사람들은 머릿속에 든 지식이 너무 많다 보니 '맛있는 음식이란 이러이러한 것' 이라는 식의 자기암시에 걸릴 때가 많으니까.

그러나 전문 지식이 없는 소비자 즉 손님은 그 '전문적인 맛' 을 느끼지 못한다. 그럼에도 그들은 이 사실을 깨닫지 못하고 손님만 타박한다.

"진짜 맛을 몰라서 그래."

음식점 사람들은 여러 점포에서 같은 음식을 먹어 보고 맛을 비교하거나, 다른 점포의 음식을 시식해보기도 한다. 하지만 다 쓸데없는 짓이다. 손님은 이집 저집에서 같은 음식을 먹어 보고 맛을 비교하거나 하지는 않는다.

손님의 평가는 믿을 것이 못 된다. 불확실한 기억을 근거로 비교하는 데 불과하기 때문이다. 즉 손님은 근소한 차이에 불과한, 미묘한 맛의 차이는 인식하지 못하는 것이다!

우리는 기름에 일어나는 거품을 보고 조리하는 전문가식 조리법과 결별했다. 그리고 몇 번의 실험을 거쳐 눈금이 새겨진 도마에서 15센티미터×10센티미터×1센티미터 크기로 정확하게 잘라 3분 45초 동안 튀기면 맛있는 돈가스가 만들어진다는 사실을 알아냈다.

전문가도 사람인 이상 뭔가를 빠뜨리거나 시간을 잘못 잴 수 있다. 하지만 타이머는 그런 법이 없다.

나는 이런 식으로 은연중에 조리 과학을 연구하고 있었던 것이다. 그 대표적인 예가 기름이다.

실온에서 굳는 기름 즉 열대성 기름을 섞어서 튀기면 표면이 번들거리지 않고 바삭한 질감을 살릴 수 있다. 이 기름을 '쇼트닝'이라고 하는데, 〈맥도날드〉도 〈미스터 도넛〉도 〈켄터키 후라이드 치킨〉도 이 기름을 쓴다는 것을 나중에야 알았다.

우연한 **발견**이
성공을 부른다

〈사보텐〉에는 "식어도 맛있는 돈가스"라는 광고 문구가 있다. 이 또한 손님들의 마음을 끌었다.

갓 만들어서 맛있는 음식이란, 바꾸어 말하면 만들어낸 순간에만 맛있을 뿐이라는 뜻이다.

시간이 지나도 맛이 떨어지지 않는 음식을 만들어야 한다. 이 노하우의 실현은 〈사보텐〉의 성장 요인 중 하나가 되었다.

식은 돈가스도 맛이 있다고 자신 있게 공언한다는 것은, 돈가스 전문가들로서는 상상도 못 할 일이다. 하지만 거듭 말하거니와 손님들의 감각은 전문가와는 다르다.

손님들의 감각에 대한 예를 또 하나 들어 보자. 손님들은 상등급의 고기보다는 싼 고기를 더 맛있게 느끼는 경우가 많다. 질 좋은 국내산 돼지고기보다 값싼 수입 고기가 더 부드럽고 맛있다는 것이다.

그 이유가 무엇일까?

냉장 기술이 발달한 오늘날, 돼지고기를 미국에서 배로 들여오려면 약 25일이 걸린다. 그동안 고기의 단백질은 자가 소화하여 아미노산으로 분해되고 부드럽게 숙성된다. 배를 타고 오는 동안 맛있는 고기로 탈바꿈하는 것이다. 이런 고기를 편의점 등에서는 '숙성육'이라는 이름으로 팔고 있다.

사실, 이것은 우연한 발견이었다.

내 고객 중 하나인 〈돈가스 이나바 와코〉(이하 와코)에서 냉장육을 쓰기 시작했을 때의 일이다. 한번은 물량이 모자라 고기를 비행기로 공수해 온 적이 있었다. 그런데 그 고기가 왠지 맛이 떨어지는 것이었다. 그때 고기는 배로 천천히 실어와야 맛있어진다는 사실을, 직원 한 사람이 우연히 발견하게 된 것이다.

주위를 둘러보라. 평소 미처 인식하지 못했던 진리를 발견하게 될지도 모른다!

가격은
맛을 해결한다

내 고객인 가네후지의 엔도 사장이 늘 하는 말이
있다.

"가격은 맛을 해결한다."

도쿄 시타마치에 있는 부식 할인점 체인인 〈가네후지 반찬〉

도쿄 가쓰시카 구 가나마치 현에 있는 튀김과 도시락 체인점으로, 돈가스 · 크로켓 · 닭꼬치

등을 즉석에서 튀겨 판다. "싸고, 빠르고, 푸짐하고, 일정한 맛을 유지한다"는 것을 슬로건으

로 하고 있다___옮긴이 은 25세에서 35세 가량의 젊은 점장이 경영을
맡고 있다.

이제는 어느 편의점에서나 파는 250엔짜리 값싼 도시락을
1999년에 처음 발매해서 시장을 석권한 곳이 이 〈가네후지 반
찬〉이다.

이곳 점포에서는 요리 경험이 거의 없는 젊은 점장이 직접

조리를 한다. 이들이 따로 요리 공부를 하거나 연습할 시간은 없다. 때문에 손님들이 음식 수준을 너그럽게 봐줄 수 있도록 파격적인 가격을 책정한 것이다.

일본 〈맥도날드〉는 햄버거 개당 가격을 65엔이라는 싼 가격에 공급함으로써 맛에 대한 손님의 기대치를 낮췄다.

이렇게 손님의 기대치를 낮추면 맛은 큰 문제가 되지 않는다. 직장인들은 그날의 점심값을 되도록 아끼고 싶어하기 때문이다.

비록 손님의 구매 동기가 '싼 가격' 때문이었다 해도, 가격이 파격적으로 싸면 이득을 봤다는 만족감을 느낀다. 〈맥도날드〉는 이런 사람의 심리를 이용한 것이다.

사실, 감자튀김이나 탄산음료의 원가는 놀랄 만큼 싸다. 때문에 햄버거 하나를 파격적인 가격에 판다 해도 전체적으로는 이윤이 남게 되어 있다.

이 노하우를 살려 주력 메뉴와 서브 메뉴를 분류하라. 서브 메뉴를 이용해 싸다는 인상을 주면서 전체적으로 이윤을 남기는 메뉴 구성에 대해서는 뒤에서 설명하기로 한다.

그러면 이 가격과 만족감의 함수 관계는 어떻게 될까?

사실, 손님의 만족감과 가격에는 일정한 비례 관계가 없다. 어느 선까지는 가격이 내려가도 이렇다 할 느낌이 없다가, 어느 지점을 지나는 순간 갑자기 싸다고 느끼게 되는 것이다.

나는 이 지점을 '와! 포인트'라고 부른다. 그 지점을 지나면 손님이 '와! 싸다!' 하고 생각하기 때문이다.

폐점 시간에 임박해서 슈퍼마켓에 가면 빨간 펜으로 가격표를 지우고 할인된 가격을 써넣는 모습을 볼 수 있다. 요즘은 세상이 많이 편리해져서 '30엔 할인'이나 '50엔 할인'이라고 인쇄된 스티커를 붙이기도 한다.

그러나 이런 스티커를 쓰는 슈퍼마켓은 장사의 기본을 모르는 곳이다. 스티커를 붙여서 찔끔찔끔 고치는 것보다는 눈앞에서 종업원이 직접 사인펜으로 죽죽 그어 가격표를 지울 때 손님은 가격이 내려갔음을 더 실감하기 때문이다.

그러면 가격을 얼마나 내려야 임팩트를 줄 수 있을까? 강한 인상을 주기 위해서는 가격을 최소한 30퍼센트는 끌어내려야 한다.

〈맥도날드〉가 1987년에 처음으로 업계의 상식을 깨고 세트 메뉴(햄버거·감자튀김·음료수를 하나로 묶은 390엔짜리 세트)를 내놓았을 때, 다른 패스트푸드점에서는 380엔짜리 세트로 대항했다. 하지만 그 정도로는 강한 인상을 줄 수 없다.

손님은 '〈맥도날드〉에서 내리니까 따라 내렸다'고 생각할 수밖에 없다. 글자 그대로 빠른 자가 이기는 것이다. 하물며 같은 가격으로 덤비는 것은 어불성설이다.

〈세븐일레븐〉이 맥주 가격을 99엔으로 내렸을 때, 다른 편의점도 같은 가격으로 대응했던 적이 있다. 결과는 말할 것도 없이 〈세븐일레븐〉의 압승이었다.

강자의 방식을 억지로 따라가면 치명타를 입기 십상이므로 주의해야 한다. 같은 방법으로 시장에 접근할 때는 시장점유율이 높은 회사가 수익을 독차지하게 된다.

적절한 가격은 **새로운 가치를 창출한다. 음식점의 성공은 상품과 가격의 절묘한 조화에 달려 있다!**

자신 있게
가격을 올려라

'란체스터의 법칙' 영국의 발명가이자 항공공학자인 F. W. 란체스터가 제1차 세계대전 때 전투기 공중전 모의훈련 중에 발견한 법칙으로, 전후 일본의 심리학자인 다오카 노부오 교수가 이를 경영 법칙으로 개량했다. 제1 법칙은 '공격력＝무기 성능×병력 수'인 1 대 1 맞상대의 법칙(약자의 법칙), 제2 법칙은 '공격력＝무기 성능×병력 수의 제곱'인 집중 효과의 법칙(강자의 법칙)으로 알려져 있다__지은이에 따르면, 약자가 강자와의 가격 경쟁에 휘말리지 않고 살아남으려면 거꾸로 가격을 올려야 한다.

나는 몇 년 전 군마 현 농협에서 경영하는 음식점의 컨설팅 의뢰를 받은 적이 있다. 내용인즉 '상가에서 가장 맛없는 라면집을 회생시켜 달라'는 것이었다.

나는 당장 라면국물부터 뜯어고쳤다. 돼지뼈와 닭을 고아 만들던 방법을 중단하고 냉동 농축액을 사용하게 했다. 또한 맛을 얼버무리기 위해 돼지기름을 한 큰술 넣고, 그럴듯해 보이도록 큰 김을 한 장 얹었다.

그리고 상품 이미지를 높이기 위해 라면 이름을 '도쿄라면'으로 바꿨다. 이제는 하나의 브랜드로 정착된 이름이지만, 당시만 해도 이 같은 명칭은 없었다.

여기에 마지막으로 '유명 라면 프로듀서가 고안한 맛'이라는 광고 문구를 달았다.

이제 남은 것은 가격이다. 나는 원래 450엔이던 라면을 580엔으로 과감히 끌어올렸다. 라면 가격을 30퍼센트나 올리자 관계자들은 모두 아연실색했다.

"오쿠보 선생님, 제정신입니까?"

그러나 이렇게 과감한 개혁을 단행하자, 예전에는 파리만 날리던 40평짜리 매장이 매일 손님으로 북적거리게 되었다.

나는 "돼지기름이라는 극약 처방으로 맛에 임팩트를 주었으므로 가격에도 임팩트를 주어야 한다!"는 주장을 펼친 것이다.

그 결과 이내 그 라면집은 '상가에서 가장 맛있는 집'으로 변신했다. 나는 다시금 기적을 일으켰다.

이처럼 비싼 상품을 팔 수 있는 비결은 무엇인가? 그것은 상품을 파는 사람이 자신감을 갖는 것이다.

특히 여자 손님을 대할 경우, 자신감 없는 판매원은 절대 성공할 수 없다. 관련 서적에 따르면 "여성은 우수한 자손을 남기고자 하는 본능이 있기 때문에 자신감 없는 사람을 무시하는 경향이 있다"고 한다.

나는 지금까지 많은 판매원을 고용해 보았다. 그러다 판매원에는 두 가지 타입이 있다는 것을 알게 되었다. 즉 물건을 '팔 줄 아는 판매원'과 '팔 줄 모르는 판매원'이다.

슈퍼마켓에서 손님이 시식품을 먹고 있을 때, 팔 줄 모르는 판매원은 아무 말도 걸지 않는다. 아니, 마음속으로는 이렇게 말하고 있을 것이 틀림없다.

'공짜라고 잘도 먹네.'

'어차피 먹기만 하고 갈 거지?'

그러나 내가 만난 '판매의 여왕' 가지와라는 달랐다. 손님이 시식품을 먹고 나면 "어때요, 맛있죠?" 하고 활짝 웃으며 말을 거는 것이다.

그 모습을 보면서 나는 이 '맛있죠?'라는 마법의 주문을 머릿속에 새겼다. 그후 매장에서 판매원들을 관찰해 보니, 팔 줄 아는 판매원은 모두 이 마법의 주문을 외고 있는 것이 아닌가. 그 제품이 아무리 맛없어도 말이다!

물건을 팔고 싶다면, 먼저 자기 물건에 푹 **빠져라**!

거짓말이라도 좋으니 근무중에는 연기를 하라! 당신의 인생에 기적을 일으키고 싶다면 말이다.

고객만족도란
무엇인가

나는 현재 푸드코디네이터스쿨의 강사로 일하면서 마케팅과 매니지먼트 수업을 담당하고 있다.

내가 가르치는 학생 중 매스컴에도 자주 소개되고 전국적으로도 잘 알려진 유명 레스토랑에서 아르바이트를 하고 있는 여성이 있다. 그 학생이 어느 날 내게 심각하게 물었다.

"우리 집 음식이 맛없다고들 하는데, 왜 그럴까요?"

세계의 유명 레스토랑을 두루 섭렵한 나 역시 그곳에서 식사를 한 적이 있는데, 가격을 생각하면 다소 미흡하다는 생각이 들었다.

그 학생은 거듭 이렇게 물었다.

"그런데 왜 맥도날드 햄버거에는 불만을 느끼지 않을까요?"

답은 간단하다. 고객만족도란 가격과 상품의 관계에 크게 좌우되기 때문이다.

〈맥도날드〉는 손님이 상품에 대한 기대를 버릴 수 있는 수준까지 가격을 떨어뜨렸다. 설령 종업원의 서비스가 10점 만점에 1점이었다 해도, 기대치가 10점 만점에 1점인 까닭에 결과는 플러스 마이너스 제로이다. 〈맥도날드〉 햄버거를 먹고 그맛에 감동하는 사람은 없지만, 그렇다고 크게 불평하는 사람도 없다는 이야기이다.

일반적으로 〈맥도날드〉처럼 일상적으로 이용하는 음식점은, 서비스를 가능한 한 매뉴얼화하여 손님이 불만을 느끼지 않도록 힘쓴다. 좋든 나쁘든 손님에게 큰 인상을 남기지 않기 때문에 부담 없이 이용할 수 있는 것이다.

반면 앞서 말한 유명 레스토랑에서는 종업원이 10점 만점에 8점짜리 서비스를 했다 해도, 손님의 기대치가 10점 만점에 10점이었다면 2점을 깎아먹는 셈이다. 실제 손님이 느끼는 체감 점수는 그 제곱쯤으로 보아야 한다. 결국 마이너스 4점이라는 어마어마한 결과를 낳는 것이다.

맛있다는 평판을 들은 손님은 서비스에 대한 불만을 토로할 구멍이 없으므로, 당연히 '생각보다 맛이 없다'고 평하게 된다. 하지만 정말 음식이 맛없었기 때문일까?

그 유명 레스토랑의 주방장은 일반인 사이에서도 유명하고, 경력도 화려하며, 대외적인 평가도 높다. 그리고 음식 가격도 기대치를 한껏 높이기에 충분하다. 설령 가격이 싸다 해도 역시 기대치는 상당히 높아질 것이다.

즉 웬만큼 완벽한 맛과 서비스를 제공하지 못하면 손님의 기대를 쉬 만족시킬 수 없다는 뜻이다. 얼마나 어려운지 알겠는가?

따라서 대중음식점이 아닌 고급 레스토랑으로 성공하려면 수용 규모를 어느 정도 제한해서 손님들이 안타깝게 발길을 돌리도록 하는 편이 유리할지도 모른다.

사전기대치가 높은 음식점에서 손님을 만족시키기란 지극히 어렵다! 이 경우 점포 규모를 너무 확장하지 않는 편이 좋을 수도 있다.

실수했을 때가 바로
고객 감동의 기회이다

패스트푸드점에서 서비스 품질을 제고하려면 사
고가 일어났을 때 철저히 대응해야 한다. 뜻밖의
서비스를 받으면 손님은 감동하게 되어 있다.

여기서 한 가지 문제를 내보자.

"당신은 〈도토루 커피〉에서 아르바이트를 하고 있습니다.
손님은 샌드위치와 아이스커피를 주문했습니다. 손님이 그것
을 자리로 가져가려다 그만 아이스커피 잔을 엎고 말았습니
다. 당신이라면 어떻게 하겠습니까?"

손님이 실수로 잔을 엎었다고? 으음….

"매니저에게 보고한 후 엎어진 잔을 치우고 음료를 바꿔 드
리겠습니다."

이렇게 대답했다면 불합격이다! 여기에는 손님에 대한 배려

가 전혀 없고 감동의 여운도 남지 않기 때문이다.

정답은, 우선 손님이 다치거나 옷을 버리지 않았는지 확인하는 것이다. 만약 깨진 잔에 손을 베었거나 옷이 더러워졌다면 응급처치부터 하고, 매니저에게 뒤처리를 맡기도록 한다. 그리고 손님을 다른 자리로 안내한 다음 음료와 샌드위치를 새로 가져다주어야 한다.

그렇게까지 할 필요가 있겠느냐고? 모르는 소리! 패스트푸드점에서 인상에 남는 서비스를 할 수 있는 기회는 이런 때가 아니면 없다. 그 때문에 사업 본부에서는 아르바이트생들을 불러서 그룹별로 나누어 게임 형식으로 이런 상황에 대비한 훈련을 시킨다.

사고가 일어났을 때 일일이 상사에게 보고하고 지시를 받으면 손님의 감동도 줄어든다. 그러므로 사전에 철저히 교육시키는 것이다.

언젠가 나는 긴자에 있는 〈도토루 커피〉에서 실수로 커피를 쏟은 적이 있었다. 그때 종업원은 신속하게 대응해 주었다. 나는 그때의 경험을 케이스 스터디 삼아 강연이나 학원 수업을 할 때마다 사례로 들고 있다.

《입소문 전염병ロコミ傳染病》의 저자인 간다 마사노리에 따르면, 입소문에는 '3 대 33의 법칙'이라는 것이 있다고 한다. 좋은 일은 3명에게, 나쁜 일은 33명에게 퍼진다는 뜻이다.

기대치가 그다지 높지 않은 점포에서 뜻밖의 서비스를 받으면 기분이 좋아져 다른 사람에게 말하고 싶어진다. 이는 남녀노소를 가리지 않는 보편적인 진리가 아닌가?

상품이나 서비스 가격을 내리면 손님의 기대치는 낮아진다. 반대로 가격이 높으면 손님도 그만한 서비스를 기대하게 된다.

서비스가 거의 필요 없는 '카운터 서비스' 상품과 두 시간 이상 확실하게 서비스해야 하는 상품은 사업 구조 자체가 다르다는 것부터 이해해야 한다.

서비스에 대한 기대치는
첫째, 가격
둘째, 손님과의 접촉 시간의 길이에 따라
결정된다.

감격의 경험을 파는 것이 프로이다

언젠가 미국 보스턴을 시찰할 때 유명 호텔 체인인 〈리츠칼튼 보스턴〉의 클럽 룸에 투숙한 적이 있었다. 그때 컨시어즈 구미의 호텔에서 볼 수 있는 직종으로, 프런트와는 별도의 카운터를 두고 고객에 대한 관광 안내, 여행 안내, 차량 예약, 우편물 집배, 열쇠 관리 등의 서비스를 제공한다_옮긴이 인 수전 조르쥬에게 물었다.

"저는 레스토랑 컨설턴트입니다. 레스토랑 서비스에 참고가 될 만한 좋은 레스토랑을 소개해 주시겠습니까?"

그러자 수전은 보스턴에서 유명한 트렌디 레스토랑인 〈라디사〉를 소개해 주었다. 나는 바로 예약을 부탁한 후 그곳에 식사를 하러 갔다.

〈라디사〉에서는 새로운 요리가 나올 때마다 테이블을 정돈해 주었다. 뿐만 아니라 요리의 서빙 타이밍, 제공되는 요리,

그 어느 것을 들어도 완벽했다. 그들은 내가 어떤 사람인지 알고 있었고, 그 기대에 완벽하게 응해 주었다.

사전기대치가 높음에도 그 기대 이상으로 보답받을 경우, 그 기분은 감격이라는 말 외에는 달리 표현할 수가 없다. 나는 종업원에게 20퍼센트의 팁을 얹어 주었다.

이렇게 만족스러운 레스토랑을 소개해 준 수전 역시 완벽한 서비스를 제공한 프로라 아니할 수 없다. 그후로 나는 보스턴에 머물 때면 반드시 수전이 있는 호텔에서, 하룻밤에 6만 엔이 넘는 방에 기꺼이 묵게 되었다.

일본에서는 후쿠시마의 이이자카 온천 부근에 있는 가와세미여관의 서비스가 감동적이었다. 이곳은 개성적이면서 여러 면에서 장점이 많은 숙박 시설이지만, 뭐니뭐니해도 요리가 단연 뛰어나다. 듣기로는 이 여관의 음식 때문에 숙박하는 사람도 많다고 한다. 어느 요리에도 정성이 흠뻑 느껴진다는 것이다.

직업상 여러 음식점의 음식을 먹어 봤지만, 진실로 맛있게 느낀 곳은 그리 많지 않다. 1인당 3만 5천 엔을 내고도 싸게 느껴지는 곳은 더더욱 흔치 않다. 그러나 가와세미여관은 그조차 싸게 느껴진 것이다!

물론 숙박 시설로서의 서비스도 나무랄 데 없었다. 서비스에 대해 공부하려면 한 번쯤 묵어 보는 것도 좋을 듯하다.

고급 레스토랑은 '감격'의 경험을 판다. 그에 비해 패스트 푸드점이나 대중음식점은 고급 레스토랑에 비해 품질은 떨어지지만 맛이나 서비스에 대한 믿음, 또 언제 어디서나 편하게 이용할 수 있다는 점 등의 다른 가치를 창출한다. 여기에 가격까지 싸다면 상품에 대한 불만까지 해결된다.

거듭 말하지만, 상식을 크게 벗어나는 가격은 매우 효과적이다.

〈맥도날드〉는 햄버거를 종이에 싸서 걸어다니면서도 가볍게 먹을 수 있는, 새로운 스타일을 제안했다. 또한 가격을 떨어뜨림으로써 상품에 대한 기대치를 낮추어, 지방과 탄수화물 범벅의 덩어리를 인간의 '음식'으로 만들었다.

음식 맛이 다소 떨어지더라도 맛에 대한 새로운 정의와 적절한 가격을 부여하면, 그 점포는 얼마든지 번창할 수 있다.

돈 들이지 않고 점포를 살리는 법

★ 음식점 경영의 핵심

장사가 안 된다는 말을
내뱉는 순간 점포는 사라진다

"장사가 안 돼 점포에 큰돈을 들일 수가 없군
요."

나로서는 가장 듣기 싫은 말이지만, 중소형 업체의 경영자
들은 늘 이 말을 입에 달고 산다.

하지만 방어 태세에 들어가면 매상은 줄어드는 법이다. 종
업원들의 사기 또한 떨어진다.

경영자가 '안 된다'고 생각하는 순간 그 점포는 파멸로 치
닫기 시작한다. 아무리 매상이 안 올라도 젊은 사원이나 종업
원들 앞에서는 매상을 올리려고 노력하는 척이라도 해야 한
다. 이는 부하 직원을 두고 있는 사람의 숙명이다!

"장사가 안 되네…"라는 말을 입에 담는 순간, 그 점포는 사
라진다. 정말 장사가 안 되더라도 점포 문을 닫을 때까지는

"잘될 거야!"라는 말을 되풀이해야 한다.

내가 그린하우스푸드에서 경영하는 체인점의 슈퍼바이저로 일하면서 크게 배운 것이 있다. 체인점 중에는 힘을 쏟아야 할 점포와 버려야 할 점포가 있다는 것이다.

한정된 인력으로 많은 점포를 경영하며 최대한의 수익을 올리려면, 실적이 우수한 점포에 힘을 집중하고 실적이 저조한 점포는 최소한의 관리로 손해를 줄이는 것이 경영 효율을 높이는 가장 좋은 방법이다.

매상 규모가 적은 점포는 어쩌다 수익이 오르더라도 큰 금액은 아니므로 가능한 한 돈을 들이지 말고 관리해야 한다. 그러나 이런 방식은 전체 매상 규모가 큰 대규모 체인의 경우에나 가능하다.

또한 실적이 저조한 점포를 버리게 되더라도 종업원들에게는 절대 부정적인 말을 해서는 안 된다.

"적은 인원으로 매상을 올리려면 힘이 들겠지만, 조금만 참고 열심히 일합시다!"

이렇게 본사의 지원이 줄더라도 열심히 일할 수 있도록 격려해야 하는 것이다.

그리고 목표는 현실적으로 잡는다.

"우리 점포는 하루 ○○명의 손님이 찾아옵니다. 손님 수를 하루에 다섯 명만 늘려 봅시다. 그 정도는 충분히 할 수 있습니다."

결코 너무 높이 보지 말고, 노력하면 실현할 수 있는 구체적인 목표를 제시해야 한다.

초기 체인점 규모가 작을 때는, 매상이 오르지 않으면 바로 자금 회전이 어려워져 업계에서 도태되고 만다. 정상에 오를 꿈 따위는 애초에 접어야 하는 것이다.

그러나 총 점포 수가 100개에 이르면 이를수록 성공은 가까워진다. 100개 점포를 달성해 가는 과정에서 매상이 저조한 점포가 어느 시점에 나타나느냐에 따라 요식업자의 운명이 결정된다 해도 과언이 아니다. 벤처 외식 업체로서 성공하려면 출발이 좋거나, 창립 당시에는 어려워도 이를 빠른 시일 내에 극복할 수 있어야 한다.

예를 들어, 어느 체인점의 점포 수를 100이라 하자. 그 중 5개 점포는 대성공이고, 15개 점포는 그럭저럭 괜찮으며, 15개 점포는 소폭의 적자를 내고 있고, 5개 점포는 망하기 직전이다. 그리고 나머지 점포는 현상 유지만 하는 정도이다. 점포간 경쟁이 일어나지 않는 한 이 페이스는 유지된다.

하지만 큰 수익을 올리지 못하는 나머지 60퍼센트에 해당하는 점포도, 전체적으로 보면 자금 면에서는 큰 이점이 있다. 외상 거래가 가능하다면 그만큼 현금 보유량이 늘어나므로 체인점의 이점이 생기는 것이다.

더욱이 점포 규모가 크면 체인망 안에서 자금을 회전시킬 수 있다. 만약 새 체인점을 열었을 때 발목을 잡을 점포만 없다면, 자금 면에서 부담을 덜 수 있으므로 영업에 전념할 수 있다. 그러나 갑자기 어느 한 점포의 경영 상태가 악화되면, 자금 운용에만 신경이 집중되어 경영이 소홀해질 수 있다.

손익 균형의 딜레마, 자금 운용의 딜레마. 기업 경영에는 언제나 이 두 가지 딜레마가 따라다닌다.

체인점은 성공적인 20퍼센트의 점포가 나머지 80퍼센트를 먹여 살린다.

아이디어와 땀으로
승부하라

벤처 외식 업체의 경우 자금이 모자라는 것은 당연하다. 따라서 적절한 선에서 타협하여 점포를 개설해야 한다.

자금이 모자라므로 영업 조건도 좋을 리가 없다. 더구나 빚을 내서 시작하는 경우도 많고, 입지 선택을 할 여지도 없다. 당연히 실패할 가능성이 높다. 개업하는 음식점의 90퍼센트가 1년 안에 문을 닫게 되는 것이 현실이다.

퓨전 선술집 체인인 〈챤토〉를 경영하는 챤토푸드서비스의 오카다 사장도, 오사카에 제1호점을 개업했을 때는 고생을 많이 했다고 한다.

사장이 직접 길에서 전단을 뿌리고, 손님이 점포에 들어올 듯하면 뛰어가서 "어서 옵쇼!!" 하고 외치며 맞아들였단다!

나도 경영 컨설턴트로서 테이크아웃 돈가스 체인인 〈돈가스 가마쿠라 고에쓰〉(이하 고에쓰)나 불고기 체인인 〈가라시테〉 등에서 경영 지도를 할 때는 이 고생을 실감했다.

중소 규모 체인에서는 다른 점포의 발목을 잡을 만큼 실적이 저조한 점포가 생기면, 하루하루를 넘기기도 벅차 전체적인 경영을 생각할 겨를이 없어진다.

한 점포의 실적이 회사 전체로 파급되는 경우도 드물지 않다. 크게 실패하는 날에는 회사 전체가 휘청거릴 수도 있다.

나는 앞서 말한 두 체인을 맡아 매상을 전체적으로 끌어올리고 경영 체질을 개선함으로써 실적이 저조한 20퍼센트의 점포를 살려냈다.

이들 두 체인은 본래 많은 고객을 확보하고 있었다. 때문에 나는 우선 회사 전체의 경영 체질 개선과 효율적인 고객 유치 방안을 모색했다.

그 결과 이제는 경영 능력을 갖춘 회사로 성장하여 매상 대비 20퍼센트 이상의 고수익을 올리고 있다. 간단히 말하면, 매상이 500만 엔이면 100만 엔의 이윤이 남는 회사가 되었다는 것이다.

소규모 음식점은 손님은 많지만 경영 체질에 문제가 있어서 수익이 적은 경우가 많다. 달리 말하면, 경영 체질만 바꾸면 성공할 수 있다는 뜻이다.

이런 음식점이 성공하려면 어떻게 해야 하는가? 우선, 아이디어와 노력을 아끼지 말아야 한다. 모자라는 자금을 아이디어로 보충하고, 남들이 자는 시간에도 일하겠다는 근성이 필요한 것이다!

또한 인건비를 절감하기 위해 경영자가 현장에서 뛰는 경우가 많으므로, 일상 업무에 쫓겨 경영에 소홀해지지 않도록 주의해야 한다.

한 가지 아이디어를 들어 보자. 즉 남들이 일하지 않는 시간이나 장소를 택하면 경쟁에 휘말리지 않는다.

전국적인 라면 체인인 〈히다카 라면〉을 운영하는 하이데이 히다카의 히다카 사장이 오미야에 점포를 처음 열었을 때는 자금이 모자라 좁을 장소를 빌릴 수밖에 없었다. 그래서 히다카 사장은 지혜를 짜냈다.

"남들이 문을 닫고 쉬는 밤에는 점포가 두 배로 넓어지는 셈이다."

그는 생각지도 못한 노다지를 캐낸 것이다.

눈에 띄는 경쟁 상대가 있을 때는 그보다 더 눈길을 끄는 방법으로 손님에게 가치 있는 제안을 해야 한다. 하지만 문을 연 점포가 하나뿐이라면 손님은 그곳을 이용할 수밖에 없다.

또한 24시간 영업을 하는 〈히다카 라면〉에서는 한 사람이 24시간 근무하기란 물리적으로 불가능하므로, 종업원들이 서로 교대하며 주 2일을 쉴 수 있도록 조정했다. 이는 사람을 구하기 어렵다는 라면 체인이 급속히 확대될 수 있는 큰 요인이 되었다.

어쩔 수 없이 이용하는 점포만큼 강력한 것은 없다. 그러나 이러한 독점 상태는 오래 지속되지 못한다. 영업 환경이 유리할 때 경영 노하우를 축적하여 역량을 키워가야 한다.

남들이 하지 않으면서 상품이 움직이는 사업을 잡아라! 땀 흘려 노동력을 팔지 말고, 땀 흘려 아이디어를 팔아야 한다.

두드려라,
열릴 것이다

1993년 여름에는 냉해가 덮쳐 그해 가을 쌀 수확량이 크게 떨어졌다. 쌀값은 올라갔고, 사람들은 울며 겨자 먹기로 쌀을 살 수밖에 없었다.

손님이 사지 않을 수 없는 환경을 만들어야 한다. 이 점이 중소형 업체가 아이디어를 쥐어짜야 할 부분이다.

그러므로 상대적 약자인 중소형 업체는 다른 사람들이 하고 싶어하는 사업을 벌여서는 안 된다. 오히려 아무도 하고 싶어하지 않는 사업을 벌여야 유리하다.

일본에서는 닭꼬치 장사라면 옛날부터 노점 장사꾼 같은 이미지가 있어서 기업이든 개인이든 선뜻 나서려 하지 않는다. 사람은 누구나 미의식이나 체면을 중시하는 법이고, 특히 여성은 이런 업종을 싫어한다.

아내나 여자친구가 싫다는데 기어코 그런 장사에 뛰어들 사람은 많지 않다. 아마 가네후지의 엔도 사장은 이러한 '마음의 장벽'에 감사하고 있을 것이다.

그러나 점포를 제아무리 근사하게 꾸며도 닭꼬치는 닭꼬치일 뿐이다! 이런 업종에 매력을 느낄 사람은 거의 없다. 따라서 '강력한 경쟁 상대가 없다'는 이점이 있다.

하지만 반대로 좋은 인력을 구하기가 어렵다는 난점이 따른다. 일반적인 상식에 얽매이지 않고 그 업종의 사업성을 간파하는 사람은 그리 흔치 않은 법이다.

남들이 하고 싶어하지 않는 사업과 설비투자액이 큰 사업은 경쟁 상대가 적다. 그러나 소규모 외식 업체에서 손댈 수 있는 것은 남들이 하고 싶어하지 않는 사업이다!

몇 년 전의 일이다. 부동산업이 성하던 쓰무기 현의 라면 체인인 〈라면 덴카〉의 기쿠치 겐이치 사장은, 쓰무기 현 우도미야 교외에는 마땅히 식사를 할 만한 곳이 없어서 시내 중심가까지 가야 한다는 사실에 착안했다.

그는 가족 단위 손님을 대상으로 한 〈구루마야 라면〉 체인에 가맹하여 국도변에 점포를 열었다.

남들이 진출하지 않은 장소에서 두드러진 가치를 드러낼 수 있다면, 입지가 좋지 않더라도 손님을 끌어들일 수 있다.

'주차 시설이 부족한데다 주차 요금도 비싸고' '길이 막혀

가기도 힘들며 '인기 있는 점포는 늘 사람들로 붐비고' '가격도 비싼' 시내 중심가의 음식점에 비하면, 한적한 국도변에 있는 〈구루마야 라면〉은 손님을 끌 수 있는 요소를 갖추고 있었던 것이다.

생활이 어려워도 하루 16시간씩 일하는 사람은 많지 않다. 더구나 직장 생활을 오래 하다 보면 좀처럼 그 생활 패턴을 바꾸기가 어렵다.

그러나 한정된 시간에 주어진 업무를 해내던 회사 시절을 생각한다면, 매일 16시간씩 일하는데 성공 못할 이유가 무엇인가? 그러다 보면 반드시 다른 사람들이 미처 생각치 못한 무언가를 발견할 수 있을 것이다.

직장 생활을 하는 동안 정신을 갈고 닦아야 한다! 그리고 누구도 생각지 못했던 것에 착안하여 '좀 되겠다' 싶은 느낌이 들면 단숨에 공략해야 한다.

운은 한 곳에 머물지 않는다.

죽을 힘을 다해 운에 매달려라!

빈 시간을
활용하라

〈맥도날드〉의 매뉴얼 중에 "Clean as you go! ^항상 청결히 하라!" 라는 말이 있다. 틈틈이 매장을 청소하라는 말인데, 바꾸어 말하면 "그만큼 열심히 일하다 보면 손님이 찾아오기 마련이다"라는 뜻이다.

종업원들이 따분해 하면 그 점포는 조만간 쓰러진다. "할 일이 없어 아르바이트를 일찍 퇴근시켰다"는 말은 위험 신호나 다름없다!

맥도널드의 매뉴얼에는 또 "Don't stop the motion! ^{항상 움직}여라!" 이라는 말이 있다.

급성장하고 있는 패밀리 레스토랑 체인인 〈생마르크〉에서도 이 같은 방침을 실천하고 있다. 이곳에서는 손을 놀리지 않기 위해 늘 빵을 구워 손님들에게 서비스하고 있다.

나도 〈돈가스 신주쿠 사보텐〉(이하 사보텐)을 관리할 때 빈 시간을 활용하기 위해 전단지 배포나 종이 봉투 만들기, 스탬프 찍기 등을 실행했다. 〈가라시테〉에서는 튀김망을 갈았고, 〈고에쓰〉에서는 상품 시식과 진열대 청소 등을 했다.

중소형 업체의 이름 없는 점포가 번창하려면, 빈 시간을 활용하는 프로그램을 고안하여 업무 사이클에 효율적으로 짜 넣을 필요가 있다.

도쿄 다마 지구에서 숯불구이 햄버거 레스토랑인 〈셜록 홈즈〉를 운영하고 있는 내 친구 스즈키 오조는, 파리 날리는 점포를 되살리는 데 천재적이다!

언젠가 그는 가나가와 현 마치다 시 교외에서 한때 자기 밑에서 일했던 젊은이가 운영하다 손을 뗀 음식점을 맡게 되었다. 누적되는 적자 때문에 그 젊은이가 도저히 점포를 꾸려나갈 수 없게 되었기 때문이다.

스즈키는 날마다 음식점 내부 여기저기를 개조하고, 틈만 나면 유리창을 반짝반짝하게 닦았다. 그리고 시간대에 관계없이 손님이 가득 찰 수 있는 방안을 모색했다. 드디어 그는 점심시간대를 겨냥해 1천 엔짜리 호화 런치 세트를 만들었다.

보통 음식점이라면 700엔 정도의 적당한 가격에 세트를 만들어 타산을 맞추려 할 것이다. 하지만 스즈키는 고급 메뉴로 차별화를 꾀했다. 디저트도 "어머, 예쁘다!" 하는 감탄사가 절로 나올 만큼 깜찍하게 담아냈다.

그 결과 그 집은 인근 주부들 사이에서 호평을 받게 되었다. 한 달에 150만 엔의 매상이 고작이던 그 음식점이 2년 후에는 무려 700만 엔의 매상을 올리게 된 것이다.

지금까지 수많은 음식점을 살려낸 스즈키는 이렇게 말한다.

"자신을 믿고, 여유를 갖되, 쉬지 말고 움직여라!"

그러나 요즘 젊은이들은 포기가 너무 빠르다!

정보를 장악하는 자가
결국 승리한다

〈사보텐〉은 점장 임명 절차가 길다. 때문에 그곳에서 일할 당시 나는 새 점포를 열거나 내부 수리를 할 때면 점장 대리로 쇼핑센터의 업무 설명회에 참석할 때가 많았다.

그때부터 나의 경쟁 업체 죽이기는 시작된다.

매상 목표를 달성하기 어려울 듯하면 그곳에 와 있는 다른 업체 체인의 점장과 통성명을 한 후 찡그린 얼굴로 이렇게 말하는 것이다.

"이 점포는 안 되는데… 운도 없지, 어쩌다 이런 곳을 맡았습니까?"

만날 때마다 이런 말을 되풀이하면 젊은 점장들의 기를 상당히 꺾어 놓을 수 있다. 그 밖에도 여러 가지 수를 써서 우리 점포 앞에 손님들이 장사진을 이루게 하고, 그 광경을 보여 주어 그의 회사가 얼마나 무능한지 통감하게 만듦으로써 그의 의욕을 꺾는 것이다!

손자는 이렇게 말했다.

"정보를 장악하는 자가 전쟁에서 승리한다."

종업원의 **마음**에 투자하라

장사를 할 때 가장 필요한 것은 일하는 사람의 '의욕'이라는 영양제이다. 그런데 장사를 오래 하다 보면 그 의욕이 점차 퇴색한다. 그러다 보면 매상도 오르지 않는다.

'그렇게 언제나 의욕에 넘치는 사람이 어디 있느냐'고? 경영자부터 그런 생각에 빠지면 종업원들은 오죽하겠는가. 그러므로 경영자는 최소한 의욕에 넘치는 척이라도 해야 한다.

나의 존경하는 스승이며 란체스터 경영학 전문가인 다케다 요이치는 이렇게 말했다.

"경영자는 허세를 부릴 줄 알아야 한다!"

〈사보텐〉의 후미조 사장도 말했다.

"객기와 의욕이 가장 중요하다!"

그러므로 점포 단장에 돈도 들이고, 종업원들이 '어, 평소와는 다른데!' 하고 생각하도록 해야 한다.

언젠가 〈돈가스 이나바 와코〉(이하 와코)의 의뢰로 점포 순회 지도를 한 적이 있었다.

우도미야 지점에 들렀을 때 그곳 점장이 내게 하소연을 해왔다. "대기용 벤치가 망가져서 손님들이 불편해 한다"는 것이다.

내가 보기에도 수리하는 데 큰 비용이 들 것 같진 않았지만, 경비 절감 대상이라 본사로부터 허락이 떨어지지 않는다는 것이다. 사소한 일이지만 점장은 신경이 쓰여서 견딜 수가 없는 모양이었다.

이래서야 영업에 집중할 수가 있나. 나는 돌아가자마자 본사의 이나바 사장에게 제안했다.

"당장 벤치를 수리하면 매상이 대폭 올라갈 겁니다."

이나바 사장은 신속하게 대응했다. 그리고 우도미야 지점의 매상은 쑥쑥 올라갔다. 역시 암행어사 마패는 시쳇말로 '약발이 받는' 모양이다.

종업원들에게도 좋은 의미의 기대에 반하는 '사전 기대를 웃도는 대응'이 필요한 것 아닐까?

나는 내 나이보다 젊어 보이는데다 어딘가 '권위가 없어' 보이는지, 점장들이 허심탄회하게 고민을 털어놓곤 한다. 그러고 보니 암행어사도 백성을 살필 때는 거지 행색을 하지 않던가. 아무튼 현장에서 힌트를 얻으려면 암행어사 작전을 잘 써야 한다.

닳은 매장에는 자금 투자를 할 것!

또한 중소형 업체는 종업원의 마음에도 투자해야 한다!

동기부여가 되겠다 싶으면 신속하게 대응하라! 신속하지 않으면 의미가 없다. 마음에 투자한 돈에 물리적인 비용 효과를 생각해서는 안 된다.

2인 1조를 이루어 경영하라

종업원들에게 공동의 적을 만들어 죽어가는 점포를 살려내는 방법도 있다.

옛날 프로 야구 긴데쓰 버팔로즈 구단에서 있었던 일이다. 당시 스즈키 게이지 감독과 사이가 좋지 않았던 주전들이 "우승해도 감독을 헹가래치지는 말자!"라는 구호를 내걸고 꼴찌에서 탈출해 우승까지 올라간 것이다.

나 역시 〈사보텐〉에서 이와 비슷한 경험을 했다.

내 부하 직원이었던 나카무라는 귀찮을 만큼 치밀하고 꼼꼼하게 관리 지도를 했다. 그는 매우 책임감 있고 믿을 만한 사람이었으므로, 나는 당시 매상이 저조했던 가와구치 지점을 그에게 맡겼다.

내 의도는 적중해서 2주일 정도 지나자 견디다 못한 가와구치 지점장이 내게 면담을 청했다.

"나카무라 매니저를 교체해 주실 수 없습니까?"

나는 점장에게 대답했다.

"그 사람을 그만두게 하려면 뭔가 구실이 있어야 하는데요."

그리고 잠시 뜸을 들이다 금방 생각이 난 것처럼 덧붙였다.

"그렇지! 만약 270만 엔 이상의 매상을 올려 흑자가 나면 나카무라 씨를 내보낸다는 조건은 어떨까요?"

"알겠습니다, 약속하시는 겁니다!"

점장은 두말없이 승낙했다.

경영은 이렇게 2인 1조로 움직이는 것이 좋다. 한 사람은 악마, 한 사람은 천사가 되는 것이다.

돌아와서 나카무라에게 사정을 설명하자 그는 깜짝 놀랐다.

"엄청난 조건이군요! 그러면 제 목을 거는 겁니까?"

그런데 기적이 일어났다. 매상이 쑥쑥 올라가기 시작한 것이다. 점포 전체가 나카무라를 내몰기 위해 일치단결한 것이다!

"매상을 올려서 나카무라를 몰아내자!"

올라가는 매상을 지켜보며 나카무라는 쓴웃음을 지었다.

"제가 이제 곧 퇴출당하겠군요…."

그리고 마침내 그날이 왔다. 나카무라는 당당하게 그 자리에서 물러나게 된 것이다!

경영은 2인 1조가 되어 연극을 해야 한다. 한 사람은 악마,

한 사람은 천사로.

힘을 한 방향으로 움직이게 하는 '공동의 적'이 포인트이다!

돈 들이지 않고
매상을 올리는 방법

음식점의 수익을 늘리려면, 먼저 무엇을 해야 할까? 아니, 그 전에 당신은 언제 수익이 올라간다고 생각하는가?

그것은 딱 하나밖에 없다. 바로 손님이 돈을 내는 순간이다. 따라서 손님이 늘지 않으면 수익도 늘지 않는다.

매상이 떨어지면 대개는 지금까지의 노선을 답습하면서 매상을 다시 끌어올리려고 하거나 현상 유지에 급급하게 된다. 때문에 현재 확보하고 있는 손님이 돈을 더 많이 쓰게 하여 고객 단가를 높이는 경우가 대부분이다.

하지만 같은 방식으로는 손님이 늘지 않는다는 것은 누가 봐도 분명한 일이다. 그래도 대부분의 음식점은 판매 방식을 바꿀 배짱이 없는 것이다. 지금까지 해오던 방식이 안전해 보이니까.

그러나 현실은 그렇지 않다. 안전해 보이는 것만큼 불확실한 것은 없다!

가격을 올리면 손님은 점포에 오는 것을 꺼리게 된다. 그 점포의 '장삿속'을 손님은 민감하게 느끼기 때문이다. 자주 이용하는 점포의 경우에는 더욱 그렇다.

나는 고객 단가(손님의 질)를 높이는 것이 아니라 고객 수(손님의 양)를 늘리는 것을 첫 번째 목표로 삼도록 지도하고 있다. 질을 높이면 높일수록 그에 제곱해서 장사는 어려워진다.

고객 수를 늘리는 것이 장사의 기본이다. 우선 고객 수를 가능한 한 끌어올린 다음, 관리에 들어가는 것이 현명하다.

고객 수를 늘리는 정책과 고객 단가를 높이는 정책의 비율은 2 대 1 정도로 생각하는 것이 좋다.

예비 고객을
확보하라

그러면 구체적으로 손님을 어떻게 늘릴 것인지 생각해 보자.

손님은 의외로 자기 주변에 어떤 음식점이 있는지 모른다. 음식점을 경영하는 입장에서는 당연히 알고 있으리라 생각하기 쉽지만, 어이없을 정도로 모르고 있는 경우가 많다. 광고지를 받았는지 안 받았는지도 기억하지 못한다.

그러므로 우선 그 점포의 존재를 알려야 한다. 그런 다음에 '한번 가 볼까?' 하는 마음이 들게끔 해야 한다. 이어서 '가야겠다!' 라는 '절박한 필요성'이 없으면 점포에 오기도 전에 잊혀지고 만다.

'식욕'이 동기인 음식점의 강점은, 반드시 '배가 고파 어디서 뭔가를 먹어야겠다'는 절박한 필요성이 일어난다는 것이다. 또한 유동 인구가 많은 곳이나 눈에 띄는 곳에 점포가 있으면, 그 위치 자체가 동기를 만들 수도 있다.

'한번 가 볼까?' 하는 마음이 들게끔 하는 한 가지 방법으로, 신문지 사이에 끼워 넣는 광고지를 들 수 있다. "광고지를 여덟 번쯤 돌리면 한 번쯤은 오게 된다"는, 말도 안 되는 소리를 하는 컨설턴트가 있다. 물론, 절대 그렇지 않다.

광고지에는 두 종류가 있다. 의미 있는 광고지와, 휴지통으로 직행하는 광고지이다.

휴지통으로 직행하는 광고지의 대표적인 예는, 컬러 사진이 든 화려한 광고지이다! 이미지에만 시선이 쏠릴 뿐 내용이 마음에 남지 않기 때문이다.

겉보기에 번듯한 업체가 된 것 같은 기분도 들겠지만, 이런 광고지를 돌리는 것은 돈을 그대로 버리는 짓이다.

B4 크기의 컬러 광고지는 그것 하나만 보면 제법 눈에 띄지만, 많은 광고지 사이에 있으면 그저 그런 인쇄물의 하나일 뿐이다. 어차피 읽히지도 않고 휴지통에 쑤셔 박히는 것이다.

음식점 입장에서 가장 귀한 손님은, 그 음식점을 만족스럽게 여기고 지속적으로 이용해 주는, 프로 축구단의 서포터 같은 사람들이다. 따라서 서포터 모집 요강 같은 역할을 해주지 않으면 광고지를 돌리는 의미가 없다. 한 번 오고 마는 뜨내기 손님은 별 도움이 되지 않는다.

음식점은 이 광고지를 보고 찾아온 손님을 서포터 고객으로 만들어야 한다. 서포터 고객 만들기는 75쪽의 다섯 단계를 거쳐야 한다. 처음 온 손님을 바로 단골로 만들 수는 없다.

손님의 이용 정도에 맞는 단계에서 접근해 차츰 올라가면 자연스럽게 단골이 되어 줄 것이다. 그러므로 75쪽의 다섯 단계를 확실히 머리에 새겨두기 바란다.

'예비 고객' 마케팅 용어로는 '가망 고객' '가능 고객prospects'이라고 한다__옮긴이 이란 자기 점포의 서포터가 될 가능성이 있는 사람을 가리킨다.

어차피 외식을 할 사람은 많다. 외식 산업은 다른 상품이나 업종에 비해 이 예비 손님을 찾기가 쉽다.

자동차를 예로 들면, 메르세데스 벤츠 같은 고급 차는 어느 정도 수입이 뒷받침되지 않으면 사고 싶어도 살 수가 없다. 이런 경우는 경쟁 차종의 고객 명단을 확보해두면 좋다. 미국에서 고급 레스토랑을 개업할 때 유명 레스토랑의 매니저를 영입하는 것도 이와 같은 이유에서이다.

하지만 현실적으로는 어지간한 고급 레스토랑이 아닌 한 예비 손님을 그리 어렵지 않게 찾을 수 있다. 일상생활의 밀착도가 높고, 점포를 인식하고 '가야 한다'는 필연성만 느끼면 예비 손님을 찾는 단계 자체가 불필요해진다.

음식점 성공 5단계

．．．．．．．．．．．．．．．．．．．．．．．．．．．．．．．．．．．．．．．

1 | 예비 고객을 확보한다.

2 | 예비 고객이 점포에 들러 그곳의 가치가 두드러지는 메
뉴를 먹는다.

3 | 손님이 마음에 들어 기억했다가 다시 점포를 찾는다.

4 | 지속적으로 점포를 찾아온다.

5 | 다른 손님을 소개한다.

성공의 **기회**는
두 번 오지 않는다?

음식점의 제안에 찬동하는 서포터를 보다 효율적으로 모으는 데에는 모집 요강 역할을 하는 광고지가 최고이다.

광고지 제작에 참고할 수 있도록 〈라면 덴카〉 체인점의 광고지를 뒤에 실었다(222쪽). 이 광고지는 매우 효과적이었고, 일주일만에 평소의 1.5배에 이르는 손님을 끌었다.

이 광고지는 우선 "오래된 가게지만 더욱 노력하겠습니다!"라는 문구로, 새로 생긴 라면집들에 비해 〈라면 덴카〉가 고객을 위해 어떤 일을 할 수 있는지를 명확하게 나타냈다.

"가게가 낡은 대신 좋은 재료와 저렴한 가격으로 보답하겠습니다."

"가게 내부는 점장과 상무가 직접 인테리어한 것입니다."

"지역 주민 여러분에게 도움이 되고 싶습니다."

실제로 인테리어에는 돈을 들이지 않았고, 자신들의 손으로 직접 내부를 변경했다. 메뉴판도 손으로 써서 오래된 맛을 살렸다.

일단 손님이 점포에 찾아오면 그 손님이 다시 오도록 만들어야 한다. 그러려면 아무리 바빠도 절대 접대에 소홀해서는 안 된다.

손님의 기대치보다 높은, 좋은 의미의 손님의 기대에 반하는 서비스를 제공하면, 손님은 가치가 있다고 생각하여 크게 만족하게 된다. 그리고 그 음식점을 기억할 것이다.

손님에게 기억할 만한 인상을 남기고자 할 때 반드시 모든 메뉴가 좋아야 하는 것은 아니다. 메뉴 구성에는 각각의 역할 분담이 중요하다.

이에 대해서는 뒤에 나올 메뉴 항목에서 설명하겠지만, 중요한 것은 마음에 남을 만한 가치 있는 메뉴를 제공해야 한다는 것이다. 모든 메뉴가 고만고만한 점포는 기억에 남지도 않고, 다시 찾고 싶은 생각도 들지 않는다.

평소 잘 이용하지 않는 음식점은 맛이나 모양으로 강한 인상을 남기지 않는 한 다시 찾기 전에 잊혀지고 만다. 흔해빠진 것은 금세, 그리고 쉽게 잊혀진다.

손님이 처음 점포를 찾았을 때, 기회는 그때밖에 없다!

매우 **만족**한 손님에게는
감사 편지를 보내라

나는 고객들에게 할인 쿠폰이나 앙케이트 전략
을 권한다. 조금씩 여러 종류를 먹어 볼 수 있는
시식 세트 메뉴를 만드는 것도 좋다.

다만, 그럴 때는 평범한 세트나 단순한 할인 세트로 보이지
않도록 주의해야 한다. 예를 들어 '신장개업 기념 특별 세트
메뉴'를 선보일 경우, 가격이 조금 비싸더라도 아무튼 강한 인
상을 주어야 한다.

앙케이트의 가장 중요한 목적은, 손님이 그 음식점에 와서
좋았던 점을 설문지에 적으며 그 음식점을 기억하게 하는 데
있다.

흔히 "손님의 의견을 적어 주세요"라는 항목이 있는데, 이
표현은 그리 좋지 않다. 사람은 좋은 것보다 나쁜 것을 떠올리

기 쉽기 때문에, 이럴 경우 나쁜 점을 먼저 쓰게 된다. 따라서 손님은 불만스러웠던 점을 다시금 실감하게 되는데, 이는 그냥 넘어갈 수도 있는 일을 앙케이트로 되새겨 주는 꼴이다.

앞서 말한 간다 마사노리의 《입소문 전염병》에 따르면, "고객님의 성원은 종업원들에게 용기를 줍니다. 칭찬 한마디를 써주세요"와 같은 표현을 쓰는 것이 좋다고 한다. 아주 좋은 아이디어이다.

내 경험으로 보면, 새 손님이 어떻게 음식점을 세 번 찾게 하느냐가 관건이다. 스탬프 서비스 등 방법은 여러 가지가 있겠지만, 이 사실을 언제나 머리에 새겨 두면 효과적으로 손님을 확보할 수 있을 것이다.

앙케이트는 '매우 만족했다' '약간 만족했다' '그저 그렇다' '약간 불만이다' '매우 불만이다'의 다섯 단계 평가표로 만드는 것이 좋다.

'매우 만족한 손님'에게 "만족하셨다니 감사합니다"라는 엽서를 보내면 거의 틀림없이 단골이 된다. 이런 손님은 '약간 만족했다'나 '그저 그렇다'는 손님보다 충성도가 높기 때문이다.

'약간 만족했다'나 '그저 그렇다'는 손님은 좋은 음식점이 나타나면 그쪽으로 옮겨갈 가능성이 있다. 그러나 마케팅 학자인 P. 커틀러에 따르면, '매우 만족한 손님'은 다른 곳의 좋은 점을 쉬 인정하려 들지 않는다고 한다.

불만이 있는 손님에게도 감사하라

앙케이트에 불만 사항을 쓴 손님도 문제가 해결되면 도리어 크게 만족하고 단골이 되는 경우가 있다. 아주 터무니없는 요청이 아닌 한, 다른 손님과의 형평성에 문제가 없는 한 손님의 불만을 시정하고 요청을 들어주어야 한다.

선술집 체인인 〈와타미〉에서는 불만 사항을 쓴 손님이 있으면, 그 댁으로 찾아가 사과한다고 한다. 만약 손님이 집을 비우면 허사이므로, 사과 편지를 미리 보낸 후 방문하는 치밀함까지 갖춘다.

나도 〈사보텐〉의 테이크아웃 숍에서 이 방법을 사용한 적이 있다.

테이크아웃 돈가스에 대한 불만이라면, 대개는 주문한 물건을 잘못 넣었거나 빠뜨린 것이다. 그럴 경우 아무리 바빠도 반드시 택시를 타고 손님의 가정까지 배달하도록 했다. 그리고 내가 직접 전화를 걸어 사과했다.

"왜 그렇게까지 하세요?"

파트타이머들은 종종 의아하다는 듯 묻는다.

이유는 간단하다. 손님들은 그날 저녁 식사를 위해 우리 점포의 돈가스를 사기 때문이다.

만약 음식이 하나라도 빠지면 즐거운 식사를 할 수 없게 된다. 대개 손님들은 "괜찮다, 다음에 받으면 된다"라고 한다. 설마 가져다주리라고는 생각도 못할 테니까.

손님의 가정은 대개 택시로 15분이면 갈 수 있는 거리에 있다. 그리고 한번 이런 일을 경험하면 반드시 또 사러 온다!

나중에 내가 사과 전화를 하면 손님 쪽에서 미안해 할 정도이다. 그때 내가 한마디 덧붙인다.

"이번 일로 너무 실망하지 마시고 또 이용해 주십시오!"

나는 점포를 순회할 때 빠뜨린 물건이 있으면 기꺼이 손님 댁으로 찾아간다. 물론 택시를 타고.

나는 이런 과정을 통해 손님을 감동시킬 뿐만 아니라, 내 점포를 찾는 손님이 어떤 사람이고 어떤 가정에서 살고 있는지도 볼 수 있었다. 차를 한 잔 얻어 마시는 것은 물론, 때로는 식사 대접을 받기도 했다.

어느 노부부의 집에서는 두 시간이나 앉아 있기도 했다. 내가 점포를 돌아볼 때는 그 손님들이 알아보고 인사를 건네기도 한다.

더욱이 빠뜨린 물건을 배달시키다 보면 '손님의 주문을 빠뜨려서는 안 된다'는 점을 종업원들이 은연중에 되새기게 된다. 일일이 배달하려면 번거롭기도 하지만 심리적으로도 부담이 크다. 결과적으로 주문을 빠뜨리지 않게 되는 것이다.

친절하면서도 정확한 서비스는 손님에게 더할 나위 없는 호감을 준다. 그 때문에 그날 매상이 떨어지더라도 1년 후에는 더 큰 폭으로 올라간다는 것을, 내가 관리하던 20개 점포의 매상 신장율이 입증하고 있다.

장삿속을 뺀 **엽서**는
손님을 감동시킨다

끝으로, 손님이 다른 손님을 끌어오게 하려면 어떻게 해야 할까?

손님 중에는 점포를 자주 이용할 뿐만 아니라 새 손님까지 데려오는 이와, 자주 이용하긴 하지만 늘 혼자오거나 정해진 사람과 함께 오는 이가 있다.

이것은 좋은 일이 있으면 다른 사람에게도 알려 주는가, 아니면 자기만 알고 넘어가는가 하는 성격의 차이이다. 어느 쪽이든 입소문의 세계에서는 엽서 작전이 잘 먹힌다.

"일전에는 친구분과 함께 찾아주셔서 감사했습니다. ○○님은 만족하셨는지요?"

이렇게 부담 없는 내용을 적는 것이 중요하다.

그리고 소개받은 손님에게도 한 줄 써 보낸다.

"○○님과 함께 찾아주셔서 감사합니다. 중요한 만남이나 모임에는 꼭 저희 집을 이용해 주십시오."

이런 엽서를 보내 두면, 소개받은 사람은 의무감에서도 다른 손님을 데려오는 경우가 많다.

가네후지의 엔도 사장이나 나도 그렇지만, 사실 이런 손님은 전체 단골 손님의 20퍼센트밖에 안 된다.

친구를 데려오지 않는 손님에게는 개인적으로 정보를 제공하면 된다. 어디까지나 장삿속은 배제해야 한다!

이런 손님에게는 친구를 데려왔으면 하는 내색을 해서는 안 된다. 자기 만족을 위해 마음에 드는 음식점을 혼자 이용하는 손님도 많기 때문이다.

고객 명단에 누구의 소개를 받았는지를 첨부하는 것도 좋다.

적극적으로 소개해 주는 사람에게 적극적으로 대응하지 않는다면, 당신은 음식점을 할 자세가 안 된 것이다.

종업원 관리는 이렇게 하라

★ 음식점의 인재 경영

직원은 **경영자**의 희망을 따른다

"우리 집은 인복이 없어….."

이는 중소 음식점의 공통된 고민일지 모른다. 반면 요즘처럼 경기가 불안정한 시기에 풍전등화 같은 음식점에서 분명한 목표도 없이 일만 하기는 싫다는 것이, 고용된 사람의 솔직한 심정일 것이다.

음식점 종업원은 육체 노동자 같은 이미지가 있는데다, 보수도 적고 휴일도 적다. 때문에 지금까지도 인기가 없다.

나는 푸드코디네이터스쿨에서 강의를 하고 있는데, 이곳은 수강 신청이 몇 달씩 밀려 있을 정도로 언제나 인기가 있다. 음식점의 구인난은 다른 나라 이야기이다.

혹시 방법을 달리하면 음식점의 구인난을 해결할 수 있지 않을까? 분명 수요(고용주)와 공급(근로자)의 생각이 어딘가에서 어긋난 것이다. 오쿠보식으로 가치를 다시 정의하면 분명 방법이 있을 것이다.

나도 그린하우스푸드에서 슈퍼바이저로 일할 때는 젊은 매니저를 고용해 25개의 점포를 관리했다. 그후 우여곡절을 겪으며 사람 다루는 법을 터득한 후로는 인력난으로 고생한 적이 없었다. 그 경험을 바탕으로 이야기하고자 한다.

인재가 모이려면, 먼저 무엇이 필요한가? 그것은 '경영자의 강력한 희망'이다! 경영자의 마음속에 성공에 대한 동기 부여가 되어 있지 않으면 직원들도 따라주지 않는다.

성공하는 경영자는 누구나 성공에 대한 강한 희망을 갖고 있다. 직원은 경영자의 희망을 따르는 법이다. 희망을 구체화한 것이 비전이다.

선술집 체인인 〈와타미〉의 와타나베 미키 사장은 어릴 때부터 '사장이 되겠다'는 결심을 했다고 한다. 그리고 외식 산업에 뛰어들었다.

와타나베 사장은 미국에서 일본의 외식 산업은 아직 소비자의 수요를 충족시키지 못하고 있다는 것을 느꼈다. 그는 외식이란 그저 맛있는 음식을 먹는 것이 아니라 커뮤니케이션의 수단이며, 소비자들은 '부담 없이 그곳에 모일 수 있는 환경'을 원한다는 것을 발견했다.

〈와타미〉를 찾는 손님들은, 맛은 일정 수준만 되면 문제삼지 않는다. 그보다는 가격이나 양, 점포 규모 등 '편리함'을 더 중시한다는 점을 알아차린 것이다.

먼저 경영자의 비전을 직원들에게 알리고 찬동을 얻어내야 한다. 그리고 비전에 기초한 미션(기업 이념)을 제시하여 공공성이라는 구실을 만드는 것이다. 이로써 자본가의 사리사욕은 회사라는 덮개에 가려지게 된다.

반대로 고용되는 측도 위축되어서는 안 된다. 경영자의 자세로 일하다 보면 훗날 자신에게도 도움이 된다. 그 기회에 경영 공부나 연습을 할 수 있기 때문이다. 장사 연습을 해볼 수 있다니, 그렇게 좋은 기회가 또 어디 있겠는가? 돈을 받아가며 경영 공부를 할 수 있는 것은 직장인의 특권이다.

독립한다고 누구나 성공하는 것은 아니다. 권력 있는 경영자를 보좌하며 이권을 누리는 것도 나쁘지는 않을 것이다.

선교사 같은 존재가
회사를 키운다

창업 초기에 '충실한 선교사' 같은 인물을 얻으면 그 회사는 크게 성장한다.

선교사형 인물은 정열과 신념을 갖고 열심히 공부하고 일해 경영자로 하여금 감격하게 한다. 게다가 이런 인물은 남의 밑에 있을 때 자신의 진가를 발휘할 수 있음을 어렴풋이 자각하고 있는 경우가 많다.

이런 인재를 발굴하려면, 우선 경영자가 아침부터 밤까지 부지런히 일해 모범을 보여야 한다. 란체스터 경영학 연구자인 다케다 요이치는 하루 16시간 일할 것을 권한다.

선교사는 신성한 존재이므로 그 앞에서 푸념을 하거나 어두운 얼굴을 보여서도 안 된다. "믿는 자에게 복이 있나니!"식의 종교적인 마인드가 필요하다.

그러면서 온몸의 감각을 언제나 팽팽하게 유지하고 점포 운영에 몰두하다 보면, 누구도 생각지 못한 경영 노하우나 새로운 아이디어가 떠오를 수도 있으니 일석이조이다.

다만, 선교사형 인물이 경영자를 신뢰하는 것은 좋지만, 지시한 대로만 충실히 이행하는 충견이 되게 해서는 안 된다.

그런 직원은 나쁜 정보로부터 회사를 보호하는 대신 임의로 규칙을 만들어 좋은 사업 기회를 막아 버릴 수 있기 때문이다. 더욱이 그로 인해 회사는 점점 보수적이 되고 허울뿐인 집단이 되어 버린다.

〈맥도날드〉에는 "Open door policy"라는 방침이 있다. 이것은 회사를 모든 사람에게 개방하여, 누구든 언제라도 경영자를 만나 이야기할 수 있도록 한다는 뜻이다.

회사를 보다 발전시키려면 자기 의사가 확실하고, 창조하고 연구하는 자세로 일할 수 있는 진정한 '선교사'를 발견해야 할 것이다.

또한 회사가 어느 정도 성장하면 경영자 자신의 전설을 만들 필요가 있다.

〈돈가스 신주쿠 사보텐〉(이하 사보텐)의 창업자인 다누마 후미조 사장도 제2차 세계대전 종전 후 게이오대학의 학생식당을 운영하면서 가난한 학생들에게 공짜로 밥을 제공해 주었다는 이야기를 몇 번이나 들었다. "감사하고 싶으면 나중에 우리 업체를 이용해 주세요" 하고 학생들에게 부탁까지 하면서!

공짜 밥을 얻어먹은 사람들의 연줄을 잡고 회사를 키웠다는 소문도, 전설로 만들어 버리면 그만일지도….

작은 빛이
큰 회사를 만든다

청과물 체인인 〈규슈야〉의 시마다 사장에게도 젊었을 때는 손수레를 끌고 아파트 단지를 돌며 야채를 팔았다는 전설이 있다.

그때 손님들에게 얼마나 인심을 얻어 놓았는지, 처음 사쿠라오카에 점포를 열자 손님들이 더 기뻐했다고 한다. 또 일부러 찾아와 인사를 하는 사람도 있었다니 대단하지 않은가? 그 또한 '기적을 만든' 사람이다.

그의 평판은 백화점 바이어의 귀에까지 들어가, 마침내 오다큐백화점 마치다점에 청과물 매장을 열게 되었다. 이제 〈규슈야〉는 어디서나 볼 수 있는 청과물 할인 체인으로 성장했다.

고생은 되더라도 빛나는 인물, 빛나는 점포를 만들어라! 경영 규모가 작을 때는 경영자의 전략이 회사의 상황을 90퍼센트 이상 좌우한다.

성공한 음식점들은 우연히 건드린 일이 대박을 터뜨린 경우가 많다. 그러나 계속해서 실패를 되풀이하는 경우도 많다.

운좋게 성공하려면 경영 목적부터 이해할 필요가 있다. 경영의 진정한 목적은, 아무리 작은 시장에서라도 제1인자가 되는 것이다. 그것만이 회사가 커감에 따라 큰 수익을 거둘 수 있는 유일한 방법이기 때문이다.

무슨 일을 하든 강자가 되어야 한다. 일단 절대 강자가 되면 그 다음은 쉽다.

1위가 될 수 있는 시장을 찾아 그 안에서 돋보이는 업체가 되라. 이것이, 경영자가 맨 먼저 해내야 할 최우선 과제이다.

그 다음으로 경영에 추가해야 할 것이 '사람'이다. 즉 종업원을 경영에 참여하게 하는 것이다. 그러기 위해서는 경영 구조를 개방해야 한다.

경영 구조를 개방한다고 걱정할 것은 없다. 대부분의 근로자는 손익계산서와 대차대조표라는 것도 모르고, 이해할 수 있는 사람도 그리 많지 않다. 영업 차원의 손익계산서만 공표하면 된다.

그렇다고 종업원이 전혀 이해하지 못한다면 의미가 없다. 필요한 범위 내에서는 그들도 이해할 수 있도록 가르치는 것이 좋다.

아르바이트도
경영의 귀중한 전력이다

아르바이트도 경영에 참여시킬 필요가 있다. 따지고 보면 정직원과 아르바이트는 법률상의 '고용 형태'에 따른 구분일 뿐이다.

확실히 아르바이트는 회사에 대한 소속감이 떨어진다. 하지만 이는 회사나 점포 측의 '어차피 아르바이트이니까' 하는 시각이 빤히 보이기 때문이다.

대부분의 사람에게는 인간으로서 인정받고 싶은 욕구가 있다. 이 점을 잘 이용해야 하는 것이다.

'그러다 그 직원이 독립해서 나가면 어떡하나' 하고 걱정하는 사람도 있지만, 어차피 보수도 싸므로 사람 하나 키운 셈치면 되지 않는가. 회사도 필요할 때 값싸게 일을 시켰으니 그쯤은 해주어야 한다고 본다.

또한 어느 정도까지는 돈으로 동기 유발을 할 수 있지만, 어느 시점에서는 돈으로만 해결할 수 없을 때가 온다. 돈의 '약발'이 떨어지기 전에 마음을 충족시켜주어야 한다.

내 고객인 〈돈가스 이나바 와코〉(이하 와코)에서는 앞으로 파트타이머나 아르바이트도 적극적으로 사회보험에 가입시켜주기로 했다. 사회적 책임 때문에 실시하기로 한 모양이지만 좋은 일이다.

일반적으로 업체에서는 아르바이트가 하루 여섯 시간 이상은 일하지 못하도록 규정화하고 있다. 쓸 만큼 쓰고 버리겠다는 심보이다. 이래서는 동기 유발이 되지 않는다.

직원들이 고마워하지 않는 회사는 오래가지 못한다.

회사에 필요한 **인재**일수록
잘 도망간다

일단 좋은 인재가 들어와 회사에 정착하면 그만 둘 사람은 그만두게 되어 있다. 의욕이 없는 사람은 활기찬 집단을 따라갈 수 없기 때문이다.

"뭐 이런 인간들이 다 있어? 회사야, 종교 단체야?"

무기력한 사람들은 이렇게 말할 것이다.

호텔에 근무하는 한 남자가 이렇게 말했다.

"디즈니의 철저함은 마치 종교 집단과 같아서 도저히 그들을 흉내낼 수가 없습니다. 우리로서는 그들을 당해 낼 재간이 없습니다."

나는 시찰 투어차 미국 올랜도에 갈 때면 언제나 디즈니에서 가장 싼 올스타리조트라는 곳에 묵는다. 그야말로 이 호텔 컨시어즈의 서비스는 고급 호텔인 웨스틴에 버금간다!

친절하고 편안하기도 하지만, 레스토랑을 예약해주기도 하고 경쟁사인 유니버설스튜디오행 버스까지 알선해 준다.

나는 〈사보텐〉에 근무할 때 젊은 매니저들의 삶에 관심을 가진 적이 있다.

"이렇게 많은 지점을 둔 업체에서 일할 기회는 자네들 인생에서 두 번 다시 없을지 몰라. 이 경험을 값지게 쓸 날이 꼭 올 테니 열심히 배우게!"

나는 그들의 자주성을 최대한 살리기로 했다. 그들과 함께 지점을 돌면서 생각해야 할 점들을 지적해 주었다. 모든 것을 숫자로 바꾸어 생각하는 법과, 표준적인 표현법을 쓰는 법도 가르쳤다.

그들의 아이디어가 어떤 결과를 가져올지 예상은 해주지만, 최종 결정은 하지 않았다. 스스로 책임지고 행동하도록 한 것이다. 결과가 좋을 때는 함께 기뻐하고, 결과가 좋지 않을 때는 함께 문제점을 생각했다.

한마디 덧붙이면, 성공을 체험하게 해주는 것도 중요하다. 그래서 나는 담당 점포를 자주 바꾸었다. 내가 가면 젊은 사원들은 파도를 타기 시작했다.

내가 점포개발부로 옮긴 다음달부터 1년 몇 개월 동안 내가 맡은 구역의 매상은 최고조에 달했다. 전부 30여 개 점포였는데, 전 점포의 매상이 전년 수준을 훨씬 넘어 수익 목표를 초과 달성하고 흑자를 낸 것이다.

이것도 내가 일으킨 기적 중 하나이다.

아르바이트의 **실수 비용**도 인건비이다

아르바이트는 의외로 중요한 일을 하는 데 반해 경영에 대해서는 배울 기회가 적다.

어려운 일을 가르쳐 가며 부리라는 말이 아니다. 점포 경영은 어떻게 이루어지고 인건비는 얼마가 되어야 점포를 운영할 수 있는지를 알기 쉽게 가르치면, "오늘은 손님이 적으니 우리 중 몇 명만 남기로 하자"는 의견을 자발적으로 내게 된다.

경영에 참여시킨다는 것은 곧 연대 책임을 진다는 뜻이다.

에도시대에는 '고닌구미' 다섯 가구를 하나로 묶어 연대 책임을 부여하고, 감찰과 상부상조를 꾀한 제도_옮긴이 라는 제도가 있었다. 〈맥도날드〉도 아르바이트 간에 서열을 만들어 효율적으로 경영하고 있다.

회사의 비전에 찬동하는 '뛰어난 선교사'가 된 아르바이트에게 권한을 주어 매니저로 삼고 경영에 참여시키는 방법도 좋을 것이다.

옛날에는 임시직 근로자에게 '레이버 컨트롤labor control' 판매량에 비해 크루(파트타이머) 수가 많을 때 이미 출근한 크루를 돌려보내거나 출근 스케줄을 조정하는 것. 일본에서는 레이버 컷labor cut 이라고도 한다__옮긴이 이라는 것을 맡겼다. 예를 들면 "날씨가 나빠서 매상이 오르지 않을 것 같은데, 미안하지만 오늘은 쉬어라"라거나, "오늘은 비가 오니까 한 시간 일찍 들어가라"는 식이다.

아르바이트가 아르바이트를 관리하면 경영자로서는 경비 절감도 되니 이익이다. 하지만 이런 방식은 이제 쓰지 않는다고 한다. 그들의 사기가 떨어지기 때문이다.

레이버 컨트롤을 계속하다 보면 의욕적이고 우수한 아르바이트가 그만두거나 일에 대한 열의가 떨어져 결과적으로 효율성이 떨어진다. 계획 생산이 가능하고 낭비가 사라지면, 시급 몇천 엔을 아껴 봤자 도리어 손해임을 알게 된 것이다.

한편 중소형 업체는 직원이나 아르바이트가 아르바이트를 관리하는 시스템 자체가 불가능하다. 실패할 기회를 주지 않기 때문이다.

실수로 인해 발생하는 손실 비용도 인건비이다. 허용되는 실수의 범위를 정하라!

〈맥도날드〉에서는 우수한 아르바이트를 발굴해 정직원으로 채용한다. 외식 업계에서 '아르바이트 출신'이라면 '취직할 곳이 없어 아르바이트하던 점포에 그대로 눌러앉은 사람' 을 의미한다. 이는 곧 어디든 취직할 수 있는 우수한 인재는 정식 입사를 하지 않는다는 뜻이기도 하다. 그러나 〈맥도날드〉에서는 우수한 인재가 회사의 장래성을 보고 입사하게 한다.

인간은 '남을 부리는 사람' 과 '남의 부림을 받는 사람' 의 두 가지 유형밖에 없다. 어느 쪽을 채용하느냐에 따라 회사의 장래가 달라지는 것이다.

매뉴얼을 도입해야
하는 이유

매뉴얼은 왜 필요한가?

　1장에서도 언급한 것처럼, 정확한 순서에 따라 업무를 진행하여 손님이 불만을 느끼지 않도록 하기 위해서이다. 청소업이나 상품을 제조하는 업종에서는 아주 효과적인 방법이다.

　손님이 불만을 느끼지 않도록 하는 데 목적이 있으므로, 경우에 따라서는 매뉴얼화에 적합하지 않은 업무도 있다. 예를 들어, 손님에게 개별적으로 대응해야 할 상황에서는 직원 개인의 소양에 의지하는 수밖에 없다.

　그러나 교육하는 입장에서는 업무를 매뉴얼화하면 쉽게 설명할 수 있게 된다. 간결하고 정확한 문장으로 체크 항목을 만들고, 조목조목 짚어가며 점검하면 직원 교육은 끝이다. 즉 간단한 업무는 누구나 가르칠 수 있게 되는 것이다.

'가르친다'는 것은 실로 어려운 일이다. 그러나 매뉴얼을 이용하면 아르바이트도 후배를 가르칠 수 있게 된다.

경영자로서는 이러한 과정을 통해 경영 간부를 발굴할 수도 있다. 더욱이 다른 업체와는 다른 체험을 할 수 있어서인지, 아니면 목적 의식이 생기기 때문인지 아르바이트가 떠나지 않는다.

요즘은 학교 교육 때문인지 매뉴얼이 없다는 이유로 회사를 그만두는 대졸 사원도 많다.

교육 방법이 서툴면 사람은 떠나간다. 돈이 전부가 아닌 것이다. 또한 이렇게 사람을 기르는 시스템이 없는 회사는 장래성이 없는 것이 아닐까?

업무에는 단순 업무와 복합 업무가 있다.

음식점에서는 단순 업무만으로 점포를 운영하는 일은 거의 없다. 여러 업무가 얽혀 하루하루 영업을 하게 된다. 그러나 단순 업무를 제대로 해내지 못하면 효율성을 높일 수 없다.

예전에 프로야구 해설자였던 히로오카 다쓰로의 강연을 들은 적이 있다. 그는 수비 연습을 할 때면 정면으로 공을 굴려 정면에서 잡는 훈련부터 시킨다고 한다. 아마추어가 아니라 프로 선수들을 상대로 말이다. 이유인즉, 잡기 어려운 땅볼이

굴러왔을 때 정면으로 잡는 습관을 들여놓지 않으면 실수하기 십상이기 때문이라고 한다.

음식점의 경우도 마찬가지다. 초보 단계의 단순 업무부터 시작하여 차츰 복합 업무를 익혀가도록 해야 한다. 얼마나 합리적인 교육법인가.

매뉴얼의 목적

매뉴얼의 목적은 손님의 불만을 없애는 데 있다. 하지만 업무 중에는 이에 적합한 것과 적합하지 않은 것이 있다.

매뉴얼의 역할

1 | 서비스의 질을 유지한다.

2 | 낭비를 줄이고 비용을 안정시킨다.

3 | 업무 속도를 높인다. 생산성이 올라간다.

4 | 교육법을 배울 수 있다.

5 | 인재를 육성할 수 있다.

6 | 목적 의식이 생겨 인재가 정착한다.

이것이 **직원 교육**의
기본이다

교육 과정에는 네 단계가 있다.

첫 번째는 설명하는 단계이다. 이것은 야마모토 이소로쿠 1884~1943 : 일본의 군인. 1939년 연합함대 사령관으로 태평양전쟁에서 진주만 공격과 미드웨이 해전을 지휘했다. "해보이고, 들려주고, 시켜 보고, 칭찬하지 않으면 사람을 움직일 수 없다"는 말이 유명하다__옮긴이 의 명언에 나오는 '해보이기'에 해당한다.

두 번째는 시간이 걸리더라도 매뉴얼을 보며 직접 해보게끔 하는 단계이다. 우리도 전자 제품이나 컴퓨터를 사면 매뉴얼을 보며 실행해 보는 것처럼 말이다.

세 번째는 매뉴얼 없이 기초적인 업무를 맡겨 보는 단계이다. 이 단계에서는 누군가 지켜보며 실수하지는 않는지 점검하고, 잘못된 것은 바로잡아 주는 과정이 중요하다.

마지막은 회사가 요구하는 수준의 업무를 해내는 단계이다. 이후에는 스스로 연구하며 점차 업무의 질을 높여가면 된다.

교육 방법이 서툰 사람은 단숨에 4단계까지 뛰어오르도록 강요한다. 그리고 실패하면 '소질이 없다'느니 '눈썰미가 없다'느니 하며 사원을 탓한다.

가끔 만화로 된 매뉴얼을 접할 때가 있는데, 이것도 마찬가지다. 단숨에 4단계로 넘겨버리려 하는 것이다. 물론 알기 쉬운 것은 사실이지만, 교육 과정에서 얻어지는 중요한 것들을 간과하고 있다.

대부분의 업체는 트레이닝의 본질을 모른다. 따라서 인재를 제대로 길러내지 못하는 것이다.

미국 〈맥도날드〉에서는 이미 오래 전부터 아르바이트 출신 경영자가 나타나는 판인데, 우리라고 안 될 것이 어디 있는가?

경영을 아는 인재를 육성하라!

소수의 엘리트가 회사를 구한다!

회사는 5퍼센트의 우수한 직원에 의해 수익을 내는 것이다.

기초 업무에 어느 정도 익숙해지면 수료증을 준 다음 복합 업무에 투입한다. 예를 들어, 간장라면 세 그릇과 돼지뼈국물 라면 세 그릇을 같이 만드는 식으로 말이다. 실제 업무 중에 많이 일어나는 일을 시범 사례로 삼으면 된다.

이렇게 하면 누가 가르쳐도 모든 지점에서 일정한 수준의 업무를 수행하게 된다. 공통 언어로 의사 소통을 할 수 있기 때문이다.

기준이 어느 정도 확립되었을 때 대회나 시험을 실시하면 업무 수준을 더 향상시킬 수 있다.

나도 현재 식품 백화점인 〈야오한〉의 부식부에서 판매실기 인증시험을 거들고 있다. 이 업체는 1997년에 도산했다가 차츰 실적이 회복되어 부활의 날을 눈앞에 두고 있는 곳이다. 〈야오한〉에서는 이 시험으로 종업원들에게 목적 의식을 심어 업무를 올바로 수행하는 풍토를 정착시켰다.

〈맥도날드〉에도 AJCC라는 실기 시험이 있다. 나도 매니저 시절에 참가하여 2위를 하기도 했지만, 당시에는 그 시스템의 진가를 이해하지 못했다.

숯불고기 체인인 〈규카쿠〉에서는 아르바이트를 경영에 참여시켜 성공을 거두고 있다. 그러면 파트타이머와 아르바이트만으로 매상을 대폭 끌어올린 예를 하나 들어 보자.

〈돈가스 가마쿠라 고에쓰〉(이하 고에쓰) 이사와 지점에서는 연대 시급 제도를 도입했다. 매상과 이익에 따라 시급이 매월 변동되는 시스템이다.

이 시스템을 도입하자 아르바이트가 매상이나 비용에 관심을 갖기 시작했다. 저녁때 내가 "오늘은 어땠어?" 하고 아르바이트에게 전화로 물으면, "지금 13만 엔입니다. 이 속도로 나가면 16만 엔은 문제없겠어요!" 하고 대답하는 것이다.

아르바이트가 자발적으로 매상에 관심을 갖고, 재고를 남기지 않으려고 애쓰게 된 것이다.

본사인 〈마이칼〉의 관계자도 깜짝 놀랐다.

그후 〈고에쓰〉 체인은 본사의 신용을 얻게 되었다. 또한 〈마이칼〉은 〈사보텐〉과의 치열한 출점 경쟁에 종지부를 찍을 수 있었다.

교육 목적

트레이닝 업무를 통해 유능한 인재를 발굴할 수 있다.

교육 원칙

원칙 1 ▶ 단순 업무에서 복합 업무로.

원칙 2 ▶ 다음의 네 단계를 밟는다.

· 1단계 | 설명하고 시범을 보인다.

· 2단계 | 직접 해보게 한다.

· 3단계 | 기본적인 업무 능력을 갖추도록 한다.

· 4단계 | 회사의 요구 수준까지 끌어올린다.

신입 사원 교육은
그의 일생을 좌우한다

내가 가장 깊이 명심하고 지키는 철칙이 있다. 그것은 신입 사원만큼은 야무지게 일을 가르쳐야 한다는 것이다.

무능한 사원을 탓하기에 앞서 생각해 보라. 누가 그를 가르쳤는가? 그것은 그가 맨 처음 만난 상사이다. 그 상사가 그에게 일을 제대로 가르치지 못한 것이다.

아르바이트의 경우도 마찬가지다. 그가 처음 만난 상사의 일에 대한 의식이 그의 일생을 좌우한다.

무능한 상사의 뒷모습을 보며 성장한 사원은 '급여가 낮다'느니, '회사가 부진해서 급여가 안 오른다'느니 하는 등 우는 소리만 하게 된다.

불경기로 인해 실적이 떨어졌다고 뒤늦게 실적급을 도입하는 것은 절대 금물이다. 동물에게 채찍질만 해서는 말을 듣지 않는 것과 같은 이치이다.

우선은 당근을 던져주어야 한다. 실적급은 실적이 좋을 때, 보상을 받을 수 있을 때 도입하지 않으면 의미가 없다.

그러나 이런저런 요인과 무관하게 애초에 자질이 없는 사원도 있기는 하다.

나는 우선 사람을 대하는 법부터 꼼꼼히 지도한다. 거래처나 파트타이머를 대하는 방법 말이다.

그리고 주변을 정리정돈하는 법을 가르친다.

"카트에 박스를 실을 때는 귀퉁이를 딱 맞춰!"

젊은 사원들을 대할 때 입버릇처럼 하는 말이다.

정확하고 깔끔하게 정리정돈을 하는 사람은 일을 잘하는 경우가 많다. 또 이런 경우 재고 관리가 편하고, 무엇보다 능력 있는 사람으로 보인다.

작은 습관 하나도 출세의 방편이 되는 것이다.

성취감이 사람을 키우고
보신이 사람을 망친다

직원을 고용할 때는 무언가를 이뤄 본 사람을 뽑아야 한다.

아무리 작고 보잘것없는 일이라도 좋다. 면접할 때는 반드시 응시자에게 이렇게 물어 보라.

"당신은 '해냈다!' 고 생각한 적이 있습니까?"

"당신은 뭔가를 성취한 적이 있습니까?"

성취감은 성공에 반드시 필요한 조건이다. 무언가를 이루었을 때 느끼는 쾌감은 돈으로 살 수 없는 힘이 된다!

반대로 도산한 회사의 출신은 고용하지 않는 편이 좋다. 이런 사람들은 대개 운이 따르지 않는다. 미안한 말이지만, 대부분은 성취감을 맛본 적이 없을 것이다.

회사가 망하기 전에 그 사람이 뭔가 할 수도 있었겠지만 하지 않았을 것이다. 야박하게 들리겠지만, 대개 이런 사람은 어떤 일에도 마음먹고 뛰어들지 않는다.

이런 사람은 자기 회사가 쓰러져 가는 것을 보면서도 태연하게 평상시처럼 출퇴근하면서 평소처럼 일했을 것이다. 아침부터 밤늦게까지 자기 일터를 지키기 위해 기를 쓰고 매달리지 않았을 것이다. 회사의 틀 안에서만 머물러 있었을 것이다.

파트타이머나 아르바이트도 마찬가지다.

열심히 하겠다는 말을 믿고 쓰러진 점포에서 사람을 데려온 적이 몇 번 있었지만, 그들은 '안 팔린다'는 인식이 몸에 배어 있는 경우가 많았다.

무언가를 이루었다는 '성취감'은 인간을 크게 성장시키지만, 자기 위치만 지키려고 하는 '보신'은 인간을 망친다.

팔리는 메뉴
안 팔리는 메뉴

★ 음식점의 상품 구성

가격으로
손님의 **심리**를 자극하라

음식점의 매상이 떨어지면 '우리 메뉴가 나쁜가?' 하고 생각하는 경영자가 있다.

컨설팅을 나갈 때마다 식사 대접을 받으며 "선생님, 우리 음식이 어떻습니까?" 하고 같은 질문을 받는다.

앞에서도 말했듯이, 손님들은 〈생마르크〉 같은 패밀리 레스토랑의 요리와 유명한 프랑스 요리 전문점의 요리를 비교하지 않는다.

어쩌다 상품이나 서비스 수준이 엇비슷한 다른 패밀리 레스토랑과 비교할지는 몰라도, 〈생마르크〉의 손님들은 최고의 맛을 찾아 오는 것은 아니다.

아니, 어쩌면 이른바 고급 레스토랑이라는 곳과는 인연이 없거나 존재조차 모르고, 〈생마르크〉가 최고의 레스토랑이라고 생각할지도 모른다.

손님은 자신의 경제적 부담에 합당한 가치를 요구할 뿐이다.

그러면 왜 어느 음식점은 잘되고 어느 음식점은 안 되는가? 첫 번째 원인은 '가격'에 있다.

식욕 수요형 음식점의 경우, 한 번 식사에 지불하는 금액이 다른 점포보다 30퍼센트 이상 싸다면, 다소 질이 떨어져도 시간적인 손실이 크지 않는 한 싼 점포를 고르는 사람이 많을 것이다.

그리고 싸면 쌀수록 잠재적 수요층은 기하급수적으로 늘어난다. 가치가 같다면 손님은 싼 점포를 고르는 것이다.

내가 가르치는 학생은 대부분이 여성이라 "햄버거는 〈맥도날드〉보다 〈모스버거〉가 좋다"고들 한다.

하지만 그 여성들은 패스트푸드점 이용 빈도가 낮다. 따라서 가끔 이용하는 까닭에 비싸지만 품질이 좋은 〈모스버거〉를 택하는 것이다.

메뉴를 구성할 때는 어디까지나 손님의 입장에서 손님이 무엇을 원하는지 생각해야 한다. 특히 패스트푸드점이나 식욕 수요형 패밀리 레스토랑은 유념해야 한다.

미국적인 분위기와 입맛을 내걸고 일본 시장에 진출했지만, 지금은 철수한 햄버거 체인 〈버거킹〉의 실패 〈버거킹〉은 2001년 2월 〈롯데리아〉에 자산 양도를 하고 일본에서 철수했다. 〈버거킹〉은 숯불에 구운 큼직한 고기와 푸짐한 야채로 풍성함과 맛을 내세웠지만, 일본 소비자의 품질 기준―소비자는 〈버거킹〉의 부드러운 빵을 더 높이 평가했다―에는 맞지 않았다. 게다가 경기 침체와 함께 〈맥도날드〉에서 내놓은 65엔(약 700원)짜리 햄버거에 결정적인 타격을 입었다(지금은 50엔으로 내렸다). 하지만 일본 〈버거킹〉의 예가 한국의 경우에도 적용된다고 생각하지는 않는다. 한국의 소비자는 먹을거리의 풍성함을 선호하는 경향이 있고, 한국 〈맥도날드〉의 가격은 일본처럼 파격적으로 싸지도 않다__옮긴이가 좋은 예이다.

철저하게 미국적인 입맛을 고수하며 "같은 가격에 30퍼센트 더 푸짐하게"라는 전략으로 계속 밀고나갔더라면 좋았을 것이다. '와퍼 주니어' 라는 일본의 기존 햄버거와 같은 크기의 상품을 발매하는 바람에 비싼 가격만 두드러진 것이다.

패스트푸드점은 어떤 사람의 배를 얼마나 빨리 채우느냐가 관건이다. 정크 푸드를 먹는 사람은 상당한 양을 요구하는 법이다.

그램 단가와
겉보기의 중요성

돈가스점에서 앙케이트 조사를 해보면, 곧잘 "야채나 치즈말이 튀김을 먹고 싶다"는 요청이 들어온다.

그러나 이를 곧이곧대로 받아들여 단품 메뉴로 만들면 잘 팔리지 않는다. 손님의 진의를 파악하지 못했기 때문이다.

손님이 정말로 원하는 것은 적당한 가격의 '새우튀김에 곁들인 야채말이 튀김'인 것이다!

일전에 와타미푸드서비스에서 경영하는, 패밀리 레스토랑과 주점의 중간 형태인 〈나고미테〉 요노점을 점심시간에 이용한 적이 있다.

나는 조사를 위해 믹스 그릴과 몇 가지 메뉴를 주문해 식사를 마치고 계산을 했다. 세금을 포함해 1,323엔이었다.

"(경비로 올리려 하니) 영수증 주세요."

점장은 내가 주문 내용을 미심쩍어한 것으로 생각했는지 그 말에 민감하게 반응했다. 아마 평소에도 믹스 그릴 메뉴의 양이 적어 보이지는 않을까 걱정스러웠던 모양이다.

"계산한 품목에 잘못된 것이 없는지 확인해 보십시오."

그는 내 눈치를 살피며 거듭 확인했다.

잘 팔리는 메뉴를 만들 수 있는 힌트는 현장에 있다. 점장은 '양껏 먹으려면 너무 비싸다'는 말을 자주 들었던 모양이다.

양의 문제는 메뉴의 이름과 이미지의 균형을 잘 잡으면 해결된다. 이 경우는 '믹스 그릴치고는' 양이 적다는 것이리라.

왜일까?

'믹스'나 '모듬'이 들어가는 이름은, 여러 가지 음식을 푸짐하게 먹을 수 있다는 이미지를 준다.

〈나고미테〉의 믹스 그릴은 단품으로는 480엔이므로 싼 편이다. 그러나 250엔짜리 정식 세트를 추가하면 730엔으로, 다른 패밀리 레스토랑의 가장 싼 상품과 비교할 때 가격 면에서 매력이 없다.

내용물은 약간 작은 햄버거 스테이크와 50그램 가량의 닭고기, 달걀 프라이, 곁들임 야채 약간. 이름에서 연상되는 것에 비해 볼륨이 부족하다.

총 중량은 180그램 정도일 테니까, 1그램당(그램 단가라고 한다) 2엔 67전 가량이다. 요즘 테이크아웃점의 그램 단가는 1엔 50전 가량이므로 조금 비싸게 느껴진다.

'믹스'가 붙는 상품은 종류나 볼륨 면에서 비교적 싸다는 느낌이 들어서인지 손님들이 많이 주문하는 편이다. 따라서 불만을 사지 않도록 상품 기획에 주의를 기울일 필요가 있다.

여기서 가격을 580엔으로 올리고 한 품목을 추가하면 어떨까? 60그램짜리 품목 하나를 추가하면 그램 단가는 2엔 23전으로 떨어져, 1엔 50전과의 차이가 30퍼센트 이내로 좁혀진다. 겉보기에도 그리 빈약하게 느껴지지 않을 것이다.

음식점은 보통 그램 단가를 고려하지 않는다. 그러나 그램 단가와 음식의 겉보기에는 밀접한 상관 관계가 있다.

손님의 식사를 보다 과학적으로 분석할 줄 아는 점장이 있다면 손님이 얼마나 더 늘어날까?

가격과 겉보기의 관계에 대해 스카이락그룹의 델리카트슨 조리할 필요 없이 그대로 가져가서 먹을 수 있는 여러 가지 식품을 파는 전문 상점__옮긴이 〈플로프레스테주〉의 이사인 앤드류스는 한 잡지와의 대담에서 이렇게 말했다.

"파이를 8등분해서 180엔에 팔 때보다 4등분해서 380엔에 팔 때 두 배 이상 매상이 오른다."

가격과 겉보기의 균형은 절묘하다.

싼 가격이 주 무기인 〈가네후지 반찬〉에서는 1그램당 단가에도 면밀히 신경 쓰고 있다. 앞에서도 말했다시피, 도시락만 하더라도 250엔이라는 파격적인 가격에 팔고 있다. 이것도 가까운 시일 안에 180엔으로 내릴 계획이라고 한다!

이 도시락의 그램 단가는 겨우 60전 남짓이다! 편의점이나 테이크아웃점 도시락의 그램 단가가 1엔 전후라는 것을 감안하면 40퍼센트나 싼 셈이다. 월등히 싸다.

또한 슈퍼마켓은 도시락이나 부식 판매 방식이 서툴다. 우선, 그램 단가가 70전 정도로 〈가네후지 반찬〉과 그리 다를 것이 없지만, 양이 너무 많아 결과적으로는 전체 가격이 편의점과 똑같아졌다. 싸다고 호소할 수 없는 것이다.

나중에 설명하겠지만, 조금 싼 것만으로는 가격 감도가 달라지지 않는다. '양이 푸짐하다'고만 생각할 뿐, 웬만한 대식가가 아니면 선뜻 사지 않을 것이다. 특히 여성은.

생각해 보라, 슈퍼마켓의 주 고객은 누구인가? 슈퍼마켓에서 파는 도시락이 싸고 양도 많아 좋다 하지만, 일반 여성이 먹는 양에 비해 너무 많다는 것을 업체에서는 모르고 있다!

잘되는 음식점, 안 되는 음식점의 두 번째 원인은 '손님이 정말 필요로 하는 것을 제공하느냐 않느냐' 하는 차이에 있다.

음식점의 본질은 경영자가 팔고 싶은 상품이 아니라, 손님이 원하는 상품을 원하는 만큼 파는 데 있다.

가격은 원가와는 무관하다!

남는 음식도 중요하다. 내가 라면 체인인 〈라면 덴카〉를 지도하면서 우선 놀란 것은, 버려지는 국물의 양이었다.

나는 인테리어 공사에 앞서 점포를 방문했을 때 남는 국물을 체크한 후 그 양을 400cc에서 350cc로 줄였다.

라면국물은 원가가 비싸다. 50cc를 줄이면 한 그릇당 20엔이 절감된다. 하루에 200그릇을 판다고 치면 하루에 4천 엔, 한 달이면 12만 엔이 절감된다. 게다가 국물을 끓이는 가스 요금도 절약된다.

이것만으로도 컨설턴트비는 충분히 빠지지 않는가?

장사의 철칙

· 손님이 필요로 하는 양보다 조금 더 제공한다.
· 의미 없는 과잉 서비스는 비용 낭비이다.

나는 여러 불고기집을 지도하다가 이상한 점을 느꼈다. 어디나 모듬 불고기의 양을 각 부위별로 100그램 이하로는 팔지 않는다는 것이다. 손님은 되도록 여러 종류를 맛보고 싶어할 텐데 말이다.

사람이 한 번에 먹을 수 있는 양에는 한도가 있다. 실제로 얼마나 먹을 수 있는지 실험해 보는 것도 좋을 것이다.

대가로부터 배우는
메뉴 구성 지식

잘되는 음식점, 안 되는 음식점의 세 번째 원인은 '메뉴 만드는 요령'의 차이에 있다.

메뉴란 무언인가? 그것은 손님에 대한 가치 제안이다.

먼저, 어떤 가치를 제안하느냐가 중요하다.

손님에게 제안할 가치에는, 우선 마케팅 용어에서 말하는 상품의 '기능적 속성'이 있다. 맛이나 식재료의 '질'이다.

매상이 떨어지면 먼저 여기에 눈길이 간다. 그러나 기능적 속성의 비중은, 언뜻 생각하기에는 높을 것 같지만 실제로는 33퍼센트밖에 안 된다.

맛있으면 그만이 아니다. 가치에 부합해야 하는 것이다. 또한 균형도 중요하다.

기린맥주가 왜 음식점에서 자취를 감췄는지 아는가? 그것은 기린맥주가 너무 맛있었기 때문이다.

맥주 맛이 너무 강하면 요리가 죽는다. 중후한 레드와인이 담백한 생선 요리의 맛을 죽이듯이, 맥주 맛이 너무 좋으면 요리의 맛을 지워 버리는 것이다!

기름지고 짜고 매운 음식이라면 몰라도, 담백하고 가벼운 맛을 추구하는 최근의 외식 산업 경향과는 맞지 않다. 앞으로는 발포주 일반 맥주를 한 번 더 거른 것으로, 맛이 순하고 거품이 덜하다__옮긴이 같은 맛이 좋을 것이다.

다음으로는 이미지를 만드는 역할, 마케팅 용어로 말하면 '상징적 속성'에 주목해야 한다. 상품을 정의함으로써 이미지를 만들어낼 수 있다는 점은 1장에서도 말한 바 있다.

그 밖에 분위기, 담아내기, 식기 등 제공 방법이나 제공할 때의 서비스를 들 수 있다.

인간은 '느낌'으로도 맛을 즐긴다. 보글보글 끓는 찌개나 치지직 소리를 내는 스테이크를 생각하면 이미지의 중요성을 알 수 있을 것이다.

특히 여성은 이미지에 약하다! 여성은 요리를 조금씩 예쁘게 담은 접시가 몇 번에 걸쳐 나오는 코스 요리를 유독 좋아한다.

이 점을 잘 이용한 것이 퓨전 차이니즈 레스토랑인 〈투란도트〉이다. 이곳에서는 전채 요리를 하트·스페이드·클로버·

다이아몬드 모양의 예쁜 도자기나 정교한 장식을 이용해 아름답게 담아낸다.

또한 요리는 '머리'로도 먹는다. 전문 레스토랑은 요리사가 어떻고 재료가 어떻고 하며 머리로 먹는 요소가 높다.

와인도 그렇다. 상식이 맛을 대변한다.

고학력자나 전문직 종사자는 감각보다 머리로 먹는 요소가 크다. 머리 좋은 레스토랑 기획자나 컨설턴트가 빠지기 쉬운 함정도 바로 여기에 있다.

로스앤젤레스의 약간 고급스러운 외식 프랜차이즈로, 울프 갱 퍽이 경영하는 이탈리안 레스토랑인 〈Spago〉에서 2월경에 식사를 했을 때의 일이다.

클로세 서비스(플레이트 커버를 덮어서 서빙하는 것)로 나온 메인 디시의 뚜껑을 열자, 뇨끼 밀가루에 감자나 호박을 갈아 넣어 만든 파스타_옮긴이 에 흰 트뤼프 이탈리아나 프랑스에서 나는 송로버섯. 독특한 향을 가지고 있으며 고급 요리 재료로 쓰인다. 돼지나 개의 후각을 이용한 채집 방식으로 유명하다_옮긴이 를 얹은 요리가 나타났다.

'이렇게 귀한 것이!' 하고 생각한 것은 나뿐이었다. 실은 흰 트뤼프를 본 적도 없는 사람도 많을 것이다. 나는 일행에게 흰 트뤼프의 희소성에 대해 설명해주어야 했다.

가치를 모르는 일반인에게는 그 귀한 흰 트뤼프도 치즈 조각처럼 생긴 토핑에 지나지 않는다. 아무리 귀한 식재료도 일반인에게는 평범한 토핑에 불과한 것이다.

약간의 설명을 덧붙이지 않으면 의미가 없다. "이건 이 계절에만 구할 수 있는 귀한 흰 트뤼프입니다. 향을 음미하며 드세요!"라고 말이다.

내가 존경하는 소믈리에(와인 전문가) 다자키 신야는 '서비스의 진수'에 대해 이렇게 말한다.

"전문 레스토랑의 서비스는 '오가는 대화'에 있다."

애프터 서비스와
점포 밖에서의 커뮤니케이션

마지막으로, 마케팅에서 말하는 '부수 서비스' 가 있다. 이것은 애프터 서비스나 엽서에 의한 커뮤니케이션 등을 의미한다.

가격이 싸고 자리가 좋은 음식점이라면 모르지만, 이용 빈도가 낮은 목적형 레스토랑에는 중요한 부분이다.

손님이 그 음식점을 잊지 않도록 커뮤니케이션을 유지하는 일도 정성만 담겨 있으면 훌륭한 상품이 된다.

대부분의 음식점은 다이렉트 메일DM이나 광고지를 보낸다. 손님의 안부는 뒷전이고, 오로지 음식 먹으러 오라는 내용뿐이다.

생일날 엽서를 받으면 누구나 기뻐한다. 생각지도 못한 곳에서 정성이 담긴 엽서를 받으면 손님이 얼마나 놀라겠는가?

내 고객인 어느 프렌치 레스토랑에서는 이 '엽서 쓰기 작전'으로 손님을 30퍼센트나 늘렸다. 1년에 네 번은 안부를 묻고 두 번은 광고를 하는 란체스터 법칙을 지킨 것이다(222쪽 참조).

이것은 좀처럼 하기 어려운 일이다. 일일이 손으로 쓰지 않는 한 엽서는 별 의미가 없으니까.

대부분 두세 달 정도 하다 효과가 없다며 그만둬 버린다. 결과가 나오려면 최소한 반년은 걸리는데도 말이다.

끈기는 힘이다. 후미조 사장의 어록에도 이런 말이 있다.

"열 번 찍어 안 넘어가는 나무가 없듯, 무슨 일이든 믿음을 갖고 끈기 있게 하는 것이 중요하다."

어소트먼트가
그 집의 색깔을 결정한다

이어서 알아둬야 할 것이 '어소트먼트 assortment' 이다.

어소트먼트란 '의도적으로 한 테두리 안에 묶어 놓은 메뉴 아이템'을 가리킨다. 대부분의 회사는 이것의 중요성을 간과하고 있다.

이 어소트먼트의 구성과 가격으로 '음식점의 색깔'이 결정되는 것이다. 오코노미야키 밀가루 반죽에 새우·문어·고기·야채 등을 섞어 철판에 두껍게 부쳐 먹는 것_옮긴이 집을 예로 들어 보자.

오코노미야키 집에서 생각할 수 있는 어소트먼트는 당연히 오코노미야키, 몬쟈야키 오코노미야키와 비슷하지만 좀더 묽은 반죽으로 얇게 부친 것_옮긴이, 철판구이, 샐러드, 마른 안주, 디저트, 주류, 청량음료 등이 있다.

여기서 오코노미야키와 몬쟈야키를 파는 점포와, 오코노미야키와 철판구이를 파는 점포의 색깔이 다르다는 것은 쉽게 상상할 수 있을 것이다.

또한 각 어소트먼트의 아이템 수(메뉴 수)를 어떻게 분배하느냐에 따라 음식점의 색깔이 정해진다.

오코노미야키 열 종류와 몬쟈야키 다섯 종류를 판다면 오코노미야키에 관심이 쏠린다. 이처럼 전체 균형을 깨고 큰 비중을 차지하는 아이템을 나는 '주력 어소트먼트'라고 부른다. 주력 어소트먼트를 결정하면 그 종류에 강한 인상을 줄 수 있다.

라면집이라면 당연히 라면이 주력 어소트먼트가 된다. 점포 이름에도 의도적으로 'ㅇㅇ라면' 등으로 주력 어소트먼트를 달면 효과적이다.

주력 어소트먼트는 점포의 성질에 따라 대등한 관계에 있는 두 개의 주력 어소트먼트로 구성하는 경우와, 주력과 준주력 어소트먼트로 구성하는 경우가 있다.

예를 들어 내 고객인 〈파스타칸〉이라는 오코노미야키집의 경우, 주력 어소트먼트인 오코노미야키는 19개, 몬쟈야키는 12개 아이템이 있다.

본래 주력 어소트먼트는 10개 내지 20개 아이템이 이상적이고, 준주력을 만드느냐 마느냐로 인상을 달리할 수 있다.

아이템 수가 너무 많으면 고르기가 어렵다. 이럴 때는 추천

마크를 달거나 사진을 넣어서 눈에 띄게 해야 한다(말 안해도 알겠지만, 이왕이면 이익이 많이 남는 것으로).

그 밖에 주력 메뉴 외의 나머지 메뉴를 나는 '미끼 어소트먼트'라고 부른다. 여기에는 '가격으로 임팩트를 주는 어소트먼트' '음식점의 개성을 나타내는 어소트먼트' '구매 동기를 넓히는 어소트먼트' 등이 있다.

가격으로 임팩트를 주는 어소트먼트에는 매상 구성비 5퍼센트 전후인 어소트먼트를 배분하면 효과적이다.

라면집이라면 정식류, 식사를 주로 하는 음식점이라면 디저트류를 노려라. 가격은 원가가 3이라면 4~6 정도로 설정해 '파격적으로 싸게' 만들어야 한다.

그렇게 밑지는 메뉴를 만들어도 되느냐고? 걱정할 필요가 없다.

라면집에 오는 사람들은 라면을 먹는다. 가끔 라면집 간판을 걸어 놓고 문가에는 잡다한 메뉴를 빼곡이 쓰는 점포가 있는데, 이는 별 의미가 없다.

라면집은 라면으로 손님을 잡아라!

군중심리에는
장사가 없다

내가 〈돈가스 신주쿠 사보텐〉(이하 사보텐)에 있었을 때 손님을 끌기 위해 돈가스 소스를 이용한 적이 있다.

"선착순 500명에 한해 400엔짜리 돈가스 소스를 40엔에 드립니다!"

내 생각대로 손님은 장사진을 이루었다! 당시에는 그리 알려지지도 않았던 〈사보텐〉에 말이다!

손님들은 대부분 '미안해서라도' 소스와 함께 돈가스를 사갔다.

이 아이디어는 아오야마양복에서 정장 한 벌을 5천 엔에 팔 때 줄을 서던 사람들을 보고 떠올린 것이다.

상식을 벗어날 정도의 싼 가격은 손님을 열광하게 한다.

〈사보텐〉에서는 그전에도 돈가스를 사면 소스를 사은품으로 끼워 주었다. 하지만 너무 흔한 방식이라 임팩트가 없었다. '와!' 할 만한 요소가 없는 것이다.

40엔이라는 상식 밖의 가격은 손님을 '와!' 하고 감탄하게 했다. 그리하여 앞으로 단골이 될 예비 고객들까지 덩달아 줄을 선 것이다.

예비 고객을
단골로 만들기까지

그리고 주력 상품이 아닌 소스의 값을 내린 것은 탁월한 선택이었다. 주력 상품으로 매상은 매상대로 올리고, 많은 예비 고객이 우리 상품을 시식해 볼 기회를 갖게 된 것이다.

또한 식탁 위의 돈가스 소스를 볼 때마다 우리 점포가 생각날 것이다. 이제 손님의 마음을 파고드는 단계는 넘어섰다. 그 후로 〈사보텐〉은 문만 열면 팔리게 되었다.

또 한 가지, 어떻게 그런 손님들을 단골로 만들었을까? 그 비밀을 이제 밝히겠다.

〈사보텐〉에서는 손님들에게 스탬프 카드를 나누어 준다. 1엔에서 500엔까지는 스탬프 하나, 501엔에서 1천 엔까지는 두개, 그 이상은 500엔마다 하나씩을 찍어 준다.

스탬프를 열 개 찍으면 카드가 가득 차는데, 카드에 이름과 주소를 적어 내면 돈가스 소스와 교환하는 시스템이다.

내 담당 구역에서는 얼마를 사든 개점 첫 주에는 스탬프가 일곱 개 찍힌 카드를 나누어 주었다. 소스 하나를 사도 카드를 주었기 때문에 손님들은 깜짝 놀랐다.

이렇게 소스를 미끼로 나는 고객 명단을 쉽게 손에 넣었고, 그들은 점포를 몇 번 찾는 동안 자연스럽게 단골이 되었다.

재미있는 일도 있었다. 젊은 점원이 어느 날은 내게 이렇게 하소연했다.

"슈퍼바이저! 소스가 집에 쌓여서 처치 곤란하다는 항의가 들어오는데요."

당신은 이런 항의를 들어 본 적이 있는가? 나중에 〈사보텐〉에서는 스탬프 카드를 소스 대신 다른 상품과도 바꿀 수 있도록 했다.

나는 손님이 적어도 세 번은 점포를 찾아오게 하는 것을 최우선 과제로 삼고 작전을 세운 것이다.

그렇게 나는 손님이 사는 곳과 상권의 폭을 파악했다. 이것은 나중에 큰 도움이 되었다.

또한 나는 '오피스타운의 OL 주인공 만들기 작전'을 감행했다. 오피스타운에 위치한 지점에 찾아온 20대 OL에게 무작위로 식사권을 나누어 준 것이다.

"저희 지점을 찾아 주신 1만 명째 손님이 되셨습니다! 사은품으로 식사권을 드리겠습니다!"

뜻밖의 행운을 얻은 손님은 그곳의 단골이 되었다고 한다.

이제 와서 고백하지만, 사실 그 이벤트는 고객 불만 처리용 식사권을 이용한 것이었다. 아무튼, 작전은 멋지게 성공했다.

신기하게도, 회사가 커지자 아무것도 하지 않아도 손님들이 모여들게 되었다. '서비스 과잉'이라는 이유로, 이제는 개점 기념 세일도 많이 소박해졌다.

주력이 아닌 '미끼 어소트먼트'는 네 개에서 여섯 개 정도의 아이템이 이상적이다. 너무 적으면 고르는 즐거움이 줄어든다. 또한 최소한 주력 아이템의 2분의 1 이하로 잡아 균형을 유지해야 한다.

반대로 모든 어소트먼트의 개수를 똑같이 하면 메뉴의 특색을 없앨 수 있다. 이것은 카페 등 분위기를 파는 업소에 적합하다. 특정 요리에 임팩트를 주고 싶지 않을 때는 이 방법이 좋다.

가격 감도의
터닝 포인트를 잡아라

음식점에서 의외로 모르고 있는 것이 '가격 감도'이다(141쪽 참고). 가격이란 매기는 방식에 따라 다르게 느껴진다.

10엔, 20엔, 30엔 같은 작은 돈은 10엔만 올라가도 차이가 크게 느껴진다. 특히 90엔과 100엔의 심리적 차이는 엄청나다.

닭꼬치 체인인 〈니혼이치〉의 소메야 사장은 "닭꼬치는 꼬치당 가격을 90엔 이하로 묶어 두는 것이 중요하다"고 말한다.

〈가네후지 반찬〉에서도 '엔도식 로스팅'이라는, 닭꼬치를 짧은 시간에 맛있게 구워내는 독자적인 방법으로, 기계도 사용하지 않고 꼬치당 50엔이라는 싼 가격을 유지하고 있다. 보통 손으로 굽는 닭꼬치의 여섯 배나 되는 생산력이다.

대부분의 닭꼬치점에서는 꼬치 수가 많아지면 굽기가 힘들

어지므로, 꼬치의 크기를 키우거나 토종닭을 쓰는 등 부가가
치를 높여 120엔 정도에 팔려고 한다.

그러나 목이 좋은 자리라면 몰라도, 가격을 올리면 대부분
은 매상이 떨어져 점포 문을 닫게 되는 것이 현실이다.

잠시 이야기가 빗나갔는데, 100엔과 110엔, 110엔과 120엔
의 경우에는 가격차가 별로 느껴지지 않는다. 그러나 190엔과
200엔의 가격차는 매우 크게 느껴진다.

나는 새우튀김을 230엔에 팔았는데, 180엔으로 내리자 매
상이 세 배로 늘었다. 특히 한정 기간에 매긴 이중 가격의 효
과는 엄청났다!

일본 〈맥도날드〉의 후지타 사장도 한 잡지에서, 190엔일 때
와 200엔일 때는 판매량이 크게 달라진다고 말한 바 있다.

가격 감도는 금액에 비례해서 올라가는 것이 아니다. 터닝
포인트를 잡아내는 것이 중요하다.

480엔과 490엔은 그렇게 큰 차이를 못 느끼지만, 490엔과
500엔은 큰 차이를 느낀다.

일단 500엔을 넘어서면 10엔마다 느껴지는 가격 감도는 둔
해진다. 530엔이나 580엔이나 같은 500엔대로 느껴진다.

1천 엔에 가까워짐에 따라 감각은 더 둔해진다. 930엔이라
는 가격을 매길 바에는 차라리 880엔으로 내려 싼 느낌을 주
든가, 980엔으로 올려 이득을 꾀하는 편이 낫다.

손님에게 중요한 것은 '인상'이지, 원가가 중요한 것이 아니다.

또한 990엔과 1천 엔은 큰 차이가 느껴진다. 재미있지 않은가?

이 가격 감도는 경제적 상황에 따라서도 달라진다. 경제적으로 쪼들릴 때는 10엔 단위도 무섭게 따진다. 생필품은 시간과 발품을 들여서라도 조금이라도 싼 것을 산다.

경제적으로 여유가 생기면 다소 비싸더라도 가까운 곳에서 산다. 싼 곳을 찾느니 그 시간에 일을 하는 것이 이익이기 때문이다.

980엔이나 890엔 등 끝자리가 80엔이나 90엔으로 끝나면 왠지 싼 느낌을 준다. 또 몇 가지를 모아 '단돈 1천 엔!' 하는 식으로 딱 떨어지게 만들어도 싼 느낌을 준다. 그렇다, 바로 통신 판매에서 흔히 쓰는 수법이다.

위의 두 가지는 패밀리 레스토랑 이하의 싼 음식점에 적합한 가격이다.

반면에 딱 떨어지는 가격이 메뉴에 늘어서 있으면 고급스런 인상을 준다. 카페나 칵테일 바 등 분위기를 파는 곳에서는 이런 방식이 적합하다. 전문 레스토랑에서는 이런 식으로 점포의 특색을 살릴 수도 있다.

싸졌다는 임팩트가 있다

| 10 | 20 | 30 | 40 | 50 | 60 | 70 | 80 | 90 | 100 |

비싸졌다는 임팩트가 있다

| 100 | 110 | 120 | 130 | 140 | 150 | 160 | 170 | 180 | 190 | 200 |
(10엔대에 비해 가격차가 별로 느껴지지 않는다)

작은 상품이 싸게 느껴지는 한도는 190엔

| 200 | 210 | 220 | 230 | 240 | 250 | 260 | 270 | 280 | 290 | 300 |
(가격차가 별로 느껴지지 않는다)

| 300 | 310 | 320 | 330 | 340 | 350 | 360 | 370 | 380 | 390 | 400 |

| 400 | 410 | 420 | 430 | 440 | 450 | 460 | 470 | 480 | 490 | 500 |

비싸졌다는 임팩트가 있다

| 500 | 510 | 520 | 530 | 540 | 550 | 560 | 570 | 580 | 590 | 600 |

| 600 | 610 | 620 | 630 | 640 | 650 | 660 | 670 | 680 | 690 | 700 |

| 700 | 710 | 720 | 730 | 740 | 750 | 760 | 770 | 780 | 790 | 800 |

| 800 | 810 | 820 | 830 | 840 | 850 | 860 | 870 | 880 | 890 | 800 |
(가격차가 거의 느껴지지 않는다)

| 900 | 910 | 920 | 930 | 940 | 950 | 960 | 970 | 980 | 990 | 1000 |

상당히 큰 임팩트

| 1000 | 1010 | 1020 | 1030 | 1040 | 1050 | 1060 | 1070 | 1080 | 1090 | 1100 |

| 1100 | 1110 | 1120 | 1130 | 1140 | 1150 | 1160 | 1170 | 1180 | 1190 | 1200 |
(천 단위로 올라가면 딱 떨어지는 수가 훨씬 싸게 느껴진다)

| 1200 | 1210 | 1220 | 1230 | 1240 | 1250 | 1260 | 1270 | 1280 | 1290 | 1300 |

원가 전략은
메뉴의 매력을 떨어뜨린다

이어서 프라이스 존, 프라이스 라인, 프라이스 포인트에 대해 이야기하자.

프라이스 존이란 어소트먼트 안의 상품 가격을 얼마에서 얼마까지로 설정하느냐이다. 예를 들어, 불고기집에서 '불고기'라는 카테고리를 500엔에서 1천 엔 사이로 설정하는 식이다.

보통 가장 비싼 메뉴는 가장 싼 메뉴의 두 배 정도가 적당하다. 손님이 점포에서 제안하는 상품군의 가치를 감각적으로 파악할 수 있기 때문이다. 쉽게 말해, 고민하지 않는다는 뜻이다. 이에 따라 상품을 고르기도 쉬워진다.

반대로 1천 엔에서 1만 엔까지 열 가지 코스가 준비되어 있다면 어떨까? 아마 고르는 데만도 진이 빠져 버릴 것이다.

프라이스 라인은 프라이스 존 안에 몇 가지 가격을 설정하느냐를 뜻한다.

앞서 말한 대로, 손님의 시점은 두 가지이다. 하나는 상품의 원가와 느껴지는 가치는 무관하다는 것이고, 다른 하나는 가격과 가격 감도는 비례하지 않는다는 것이다.

음식점에서는 보통 완성된 상품의 원가에 이윤을 더해서 가격을 결정한다. 하지만 이래서는 매력이 없다.

우선 가치 단계를 만든 다음, 손님이 매력을 느끼도록 상품을 배치한다. 정해진 가격에 역할(그레이드)을 부여하면, 손님은 제안하는 가치에 대해 응답 즉 선택하기가 쉬워질 것이다.

예를 들어 초밥집에서는 메뉴에 '송(상급)' '죽(중급)' '매(하급)'로 급수를 매기는데, 여기까지는 좋다. 그러나 '매'를 주문하는 손님도 마음속으로는 '송'을 먹고 싶지 않겠는가? 이름으로 등급을 표시하는 것은 너무 노골적이라 역효과를 준다. 손님이 불쾌감을 느낄 것이다.

손님이 불만을 느끼면 장기적으로 영업에 악영향을 가져온다. 가치 단계를 이름이 아닌 가격으로 은근슬쩍 표시하면, 손님은 남의 눈을 의식하지 않고 원하는 상품을 고를 수 있을 것이다.

상품을 가격 순으로 표기하는 것도 좋지 않다. 팔고 싶은 상품을 눈에 가장 잘 띄는 위치에 배치하는 것이다.

또한 프라이스 라인이 하나로 줄어들면 가치가 통일되므로 손님들은 고르기가 더 쉬워진다. 100엔 숍이나 모든 품목이 100엔으로 균일한 회전초밥집처럼 싼 값을 내세우는 데에는 제격이다.

이런 곳은 손님이 일일이 가격에 신경 쓰지 않아도 되므로 즐겁게 식사를 할 수 있다. 게다가 더 높은 가치 단계가 없으므로 타깃이 명확해진다.

프라이스 포인트란 설정한 프라이스 라인 중 가장 많은 상품이 들어 있는 가격을 말한다.

상품 수가 많아서 메뉴상으로는 가장 눈에 띄는 부분이므로, 팔고 싶은 상품을 여기에 집중시킨다. 슈퍼마켓 진열대에 물건이 잔뜩 쌓여 있으면 자연히 눈길이 가는 것과 같은 이치이다.

프라이스 존에서 싼 쪽을 더욱 싸게 설정하면 점포에 접근하기가 쉬워진다. 반면 비싼 쪽을 좀더 비싸게 설정하면 전체적으로 비싼 인상이 들어 점포에 거리감을 느낀다. 가격이 특히 싼 어소트먼트가 있으면 감각적으로 편안함을 느낀다.

모든 상품에서 이윤을 남기려고 하지 마라.

센다이에 있는 카페테리아 스타일의 〈한다야〉는, 관서 지방에서 흔히 볼 수 있는 이른바 '메시야'이다. 여기서 메시야란 작은 그릇에 담겨 있는 반찬 중 원하는 것을 고른 후 밥과 국을 따로 주문하는 스타일을 말한다.

셀프 서비스라는 것이 공통점이고, 이것저것 골랐다가는 값이 꽤 올라가는 것이 난점이다. 비싸게 느껴진다면 당연히 손님이 들지 않을 것이다.

그러나 〈한다야〉의 가격 전략은 다르다. 밑반찬은 한 접시에 40엔이고, 관동(도쿄를 중심으로 한 수도권)이라면 곱빼기는 족히 될 스몰 사이즈 공기밥이 겨우 80엔이다. 다른 반찬들도 싸다는 느낌을 잘 살리고 있다. 가볍게 먹으려면 400엔 내에서 한 끼 식사가 거뜬하다.

그러면서도 절대 밑지는 장사는 하지 않는다. 초밥이나 크로켓 등 손님들이 많이 찾을 만한 상품에 힘을 기울여, 그쪽에서 이윤을 남기기 때문이다.

〈가네후지 반찬〉도 대형 슈퍼마켓 옆에 작은 점포를 열고, 파격적으로 싼 가격에 기대어 평당 연 1억 엔이라는 엄청난 매상을 올리고 있다.

이곳의 크로켓은 겨우 25엔이다. 바로 옆의 백화점, 이토요카도 식품부에서는 자리세를 포함해 80엔에서 120엔에 팔고 있다. 〈가네후지 반찬〉의 크로켓에는 자리세가 없다.

〈가네후지 반찬〉에서는 25엔이면 살 수 있는 크로켓을 이토요카도에서는 80엔에 판다면, 소비자는 어떻게 생각할까? 〈가네후지 반찬〉에서 크로켓을 산 손님은 '이토요카도는 바가지를 씌운다'고 생각할 것이다. 그리고 〈가네후지 반찬〉의 다른 상품들까지 싸게 느낄 것이다.

〈가네후지 반찬〉의 주력 상품은 50엔짜리 닭꼬치이다. 크로켓은 싼 가격을 어필하기 위한 도구에 지나지 않는다. 도구는 얼마든지 이용할 수 있다. 그 증거로 〈가네후지 반찬〉은 한 달에 한 번 크로켓을 단돈 10엔에 팔고 있다!

대형 업체는 도저히 중소형 업체의 '막나가는' 가격을 따라갈 수가 없다. 그들은 월급쟁이이기 때문이다.

대형 업체와의 차이는 프라이싱Pricing! 바로 가격을 매기는 방식에 있다. 월급쟁이의 약점을 파고들어라!

세트 메뉴의
플러스 원 작전

식욕 수요형 패밀리 레스토랑과 패스트푸드점은
세트 메뉴가 기본으로 되어 있고, 추가 주문은
좀처럼 없는 편이다. 그러나 가격을 낮추면 '플러스 원 어소트
먼트'를 설정하는 것도 가능하다.

현재 약진하고 있는 정식집 定食屋 : 데이쇼쿠야라고 한다. 일품 요리보다는
주로 밥과 요리, 밑반찬으로 이루어진 세트 메뉴를 판다_옮긴이 체인인 〈오토야〉
는 50엔짜리 에스프레소 커피로 임팩트를 주었다.

나도 10년 전에 〈사보텐〉의 돈가스 레스토랑에 100엔짜리
음료를 도입했었다. 당시에는 그런 레스토랑이 없었기 때문에
큰 매상을 올렸다. 그러나 본사 고위층에서는 반대했다.

"왜 더 비싸게 팔 수 있는 것을 말도 안 되는 가격에 파나?"

나는 "정식집에서 음료의 비중은 이러이러하므로 매상 비율

이…" 하며 안간힘을 다해 설명했지만 그들은 이해하지 못했다. 나는 앞뒤가 막힌 늙은이들은 무시하기로 했다.

더구나 그들은 "정식에는 차가 딸려 나오는데 누가 100엔을 주고 아이스 녹차 같은 것을 따로 주문하겠나?" 하고 반문하기도 했다. 그러나 결과는 회사의 생각을 뒤엎는 것이었다.

당시 음식점에서는 아이스 녹차 같은 상품을 팔지 않았다. 그래도 나는 찻잎을 써서 매일 차를 만들도록 했다.

왜 그랬냐고? 사실은 여름에 구내식당에 가 보면 많은 사람이 엷게 끓인 차를 물처럼 마시고 있었기 때문이다.

《에스키모에게 얼음을 팔다Ice to the Eskimos》의 저자인 존 스폴스트라Jon Spoelstra에 따르면, 상품이 팔리지 않는 것은 파는 요령을 모르기 때문이라고 한다.

"100엔만 더 내면 음료를 추가할 수 있는데, 하시겠어요?"

이렇게 반드시 금액과 상품명을 덧붙이는 것이 포인트이다. 손님은 '팔겠다'는 점포의 의도를 민감하게 간파하고 경계심을 갖게 되므로, 어디까지나 친절한 마음에서 권한다는 것을 나타낼 필요가 있기 때문이다.

내가 얼마 전 주유소에 들러 휘발유를 넣고 있을 때였다.

"연료 탱크에 발수제를 넣은 지 오래 된 것 같은데, 넣어 드릴까요?"

종업원이 이렇게 물었을 때 대뜸 "얼만데요?"할 수 있는 사람은 좀처럼 없다. 가격이 안 맞을 때 거절하기가 곤란하기 때문이다. 진심에서 친절을 베푸는 것이라면 미안하기도 할 것이다.

또한 타당한 가격을 제시하지 않으면 손님은 '예스'라고 하지 않는다. 발수제는 점포에서 100엔이면 살 수 있으므로 합리적인 가격을 제시해야 한다.

얼마쯤이면 '예스'라는 말을 끌어낼 수 있을까?

당신의 경쟁 상품이 캔 음료라고 생각해 보자. 캔 음료의 시장 가격이 120엔이므로, 소비세를 고려해서 30퍼센트 정도 싼 80엔 미만이 아니면, 어지간히 목이 마르지 않는 한 솔깃해지지 않는다. 그렇다면 점심시간에 선착순 100명까지 음료를 80엔에 서비스하면 어떨까?

나는 〈가라시테〉 나카노 사카가미점에 순시 지도를 나갔다가 깨달았다. 손님들이 대부분 식사가 끝나면 〈도토루 커피〉에서 커피를 마시는 것이었다.

나는 곧 100엔짜리 음료를 도입했고, 그로 인해 점심시간 매상은 50퍼센트 정도 올랐다. 〈도토루 커피〉보다 40퍼센트 정도 가격을 싸게 한 것이 먹힌 것이다.

얼마 전 〈맥도날드〉에서는 종업원 추천 판매add on sales로 구매 단가(한 손님의 구매량)를 높이는 데 성공했다. 그러나 이제는 이러한 방식을 찾아볼 수 없다. 왜일까?

일상적으로 이용하게 하려면 최대한 불만을 줄여야 한다고, 앞에서 말한 바 있다. 대부분의 손님은 종업원의 권유를 거절하기 힘들어 한다. 이러한 불편이 점포와 손님 사이에 거리를 만들어 버리는 것이다. 단기적으로는 효과적이지만, 길게 보면 마이너스임을 알 수 있다.

손님을 부르는 메뉴 만들기

그러면 메뉴를 만들어 보자.

우선, 무엇을 중점적으로 팔 것인지 결정할 필요가 있다. 즉 주력 어소트먼트를 정하라는 뜻이다. 매상 구성비가 높고, 수익 공헌도가 높아야 한다는 것이 조건이다.

그리고 서브 어소트먼트를 결정한다. 가격 임팩트 상품 어소트먼트, 여성 대상 상품 어소트먼트, 볼륨 상품 어소트먼트, 점포 이미지 상품 어소트먼트, 동기 확장 어소트먼트 등을 생각할 수 있다. 만약 정식집이라면, 여러 정식 각각의 역할을 생각해 어소트먼트를 구성한다.

먼저, 주력 상품을 생각해 보자. 업종에 따라 팔리는 상품은 정해져 있다. 이것을 어떻게 가치 있는 상품으로 꾸밀 것인가를 생각한다. 가능하면 팔리는 상품에서 아무도 생각 못한 판매 방식을 발견할 수 있다면 가치를 높일 수 있다.

이런 때는 여러 음식점을 돌아본 경험이 빛을 발한다. 미국의 전문 레스토랑은 독창성과 창의성을 겸비한 쉐프가 많으므로 힌트를 얻을 수 있다.

베트남식 프랑스 요리, 아시아식 이탈리아 요리… 다양한 업종과 다양한 퓨전 레스토랑이 있다. 일본과의 차이는, 탄탄한 기본 위에 쉐프의 창의성과 연구가 더해져 있기 때문에 단지 실험 요리로 끝나지 않는다는 점이다.

가능한 한 다양한 장르, 다양한 형태의 레스토랑을 이용해 보는 것이 좋다. 싸구려 식당에서 뭔가 배울 수도 있고, 고급 레스토랑에서 힌트를 얻을 수도 있다.

좋았던 곳의 상품을 메모하고, 그 경험을 바탕으로 자기 나름의 세계를 확립하라.

팔고 싶은 메뉴는 프라이스 포인트를 벗어나지 않도록 비용을 잘 가감한다. 미리 짜둔 메뉴의 범위 안에 배치해 가는 것이 중요하다.

손님이 사고 싶어할 상품을 생각하고, 손님의 시선이 맛에만 쏠리지 않도록 주의한다.

좋은 메뉴는 자신의 경험에서 나온다.

다음에는 미끼 어소트먼트 상품을 결정한다. 앞서 말한 '플러스 원 상품' 등이 전형적인 예이다.

점포 이름이 '○○라면'이라면 대부분 라면만 먹게 되므로, 밥이나 정식류의 가격과 모양에서 임팩트를 준다. 옆에서 다른 단골 손님이 정식을 먹고 있는 것을 보면 '다음에는 저걸 먹어 볼까?' 하고 생각하지만, 막상 다음에 가면 또 라면을 주문하게 된다. 여기는 라면집이니까…. 즉 손님을 유인하는 메뉴가 되는 것이다. 내가 컨설팅을 맡고 있는 곳의 결과를 보면 정식의 매상비는 5퍼센트 정도밖에 안 된다.

저렴한 이탈리안 레스토랑 체인인 〈사이제리야〉에도 동기 확장 메뉴인 '불고기햄버거'가 있다. 그리고 290엔짜리 도리아가 있다. 도리아만 먹으러 오는 손님도 있기는 하지만, 이 두 가지는 손님을 유인하는 역할을 다하고 있다.

또한 팔고자 하는 상품은 이름을 통해 특별한 것이 있음을 암시해야 한다. '궁극○○'라거나 '숙성○○' '생○○' '특○○' '보들보들○○' '○○듬뿍' 등등. 반면에 '원조○○' '진짜○○'는 별 의미가 없다.

이름이
당신을 구한다

반대로 가격을 파격적으로 내려 임팩트를 준 메뉴에는 평범한 이름을 붙인다.

처음에는 별 기대 없이 주문할 것이므로, 음식이 나오면 놀랄 것이다.

"어? 이 튀김정식이 정말 480엔밖에 안해?"

이런 식이다.

나는 어느 초밥집에서 2천 엔짜리 세트 메뉴에 커다란 참치 대뱃살 초밥 두 개를 넣은 다음 평범한 이름을 붙이고, 주력 상품인 1,500엔짜리 메뉴보다 원가율을 높여서 임팩트가 있는 상품으로 만들었다.

이것이 손님들을 감동시킨 모양이다. 원가율은 높았지만 수익은 더 높아졌다. 사람은 누구나 '특상의 기쁨'을 맛보고 싶어하는 법이다.

〈돈가스 이나바 와코〉(이하 와코)의 런치 메뉴를 예로 들어 보자.

이 음식점은 매상이 조금씩 떨어지고 있었기 때문에 나는 메뉴 프레임 전략을 짰다.

이곳은 남자 손님이 많고 여자 손님이 적은 것이 특색이었다. 사장은 '여자 손님이 즐겨 찾는 점포로 변신하고 싶다'고 했다.

나는 일단 고정 상품 중 주력 메뉴인 '로스가스 정식'과 '히레가스 정식'을 그대로 두고, 런치 메뉴를 만들어 새로운 가치를 추가했다. 즉 주력 어소트먼트를 두 개로 만드는 전략이었다.

런치 컨셉으로는 싼 가격, 먹는 즐거움, 가격에 비한 가치, 먹음직함, 이용 동기의 다양화 등을 들었다.

돈가스는 기름기가 많고 칼로리가 높다. 가격도 비싼 편이다. 그래서 한 사람이라도 꺼리면 일행 전체를 다른 음식점에 빼앗기고 만다. 이런 단점을 해소하기 위해 만든 것이 '헬시 런치'였다.

여기서 '헬시 healthy'란 꼭 '건강'을 뜻하지는 않는다. 양이 조금 적기 때문에 싸면서 부담스럽지 않다는 이용 동기 개선을 노린 상품명이다.

남자 손님도 싼 가격에 이끌려 마음 놓고 점포로 들어오게 되었다. 이른바 '미끼'이다. 진짜 대신 미끼를 이용해 손님이 충동적으로 들어오게 한다는 점에서는 루어 낚시와 비슷하다.

싼 집으로 가려는 심리적인 강박 관념 때문에 점포를 찾았다가도, 일단 들어오고 나면 더 매력적인 상품으로 메뉴를 바꾸는 경우가 많다. 그래서 일부러 다른 메뉴보다 조금 떨어져 보이도록 호박크로켓과 히레가스를 합쳐 세트로 꾸몄다.

호박크로켓은 여자 손님에게는 인기가 많지만, 남자 손님에게는 인기가 없다. 그래서 남자 손님용으로 히레가스나 로스가스, 멘치가스와 공기밥을 합한 980엔짜리 세트 메뉴를 준비했다.

내일은 싸구려 덮밥을 먹는다 쳐도, 몇 푼만 더 내면 진수성찬을 먹을 수 있는 것이다! 이름에도 변화를 주어 '황제 런치'라고 지었다.

레이디 세트는 더 굉장하다. 새우튀김, 계절야채튀김, 히레가스에다 샐러드, 행인두부까지 포함한 880엔짜리 세트 메뉴를 만들어 '공주님 런치'라고 이름지었다.

왜 하필 공주님이냐고? 여자는 누구나 공주가 되고 싶어하기 때문이다.

그리고 먹음직한 느낌을 더하기 위해 지글지글 끓을 때 내놓는 '지글지글 돈가스 냄비 정식'을 마련했다. 이것은 880엔

이다. 프라이스 존 780엔에서 980엔 사이에 딱 들어온다. 880
엔을 중심 가격으로 두고 여자 손님을 노렸다.

이 전략은 성공한 듯하다. 매상은 점점 올라가 하락세였던
전월 평균 매상을 20퍼센트나 웃돌았다. 그것도 외식 산업이
불황이라는 요즘!

돈 되는 상품
돈 안 되는 상품

★ 돈 되는 상품을 만드는 법

돈 되는 상품은
점포에 따라 다르다

매상이 떨어지면 슬그머니 텔레비전이나 잡지의 사소한 정보에 솔깃해지기 마련이다. '내 경영 방식이 잘못된 걸까' 하고 겁도 나게 된다. 그래서 음식점 경영에 대해 잘 아는 사람에게 이것저것 물어보고 싶어진다.

사람은 늘 불안과 함께 살아가는 법. 장사가 잘 될 때는 신바람이 나서 불안을 잊을 수 있지만, 장사가 잘 안 되면 불안이 고개를 쳐든다. 여기에 불경기라도 닥치면 지금까지 해온 일이 모두 잘못된 것처럼 느껴진다. "다 잘못됐어. 생각이든 뭐든 다 뜯어고쳐야 해!" 하고 말이다.

그러다 보면 당장 매상을 올리기 위해 점포와 상관도 없는 엉뚱한 상품을 팔기도 한다. 그러다 안 팔리면 또 다른 상품을 개발해 본다.

사실 이 같은 미봉책이 점점 더 매상을 떨어지게 하고, 점포를 망하게 하는 지름길이라는 것을 당신은 모른다. 매상이 떨어지는 것은 당신이 경영을 잘못한 결과에 지나지 않는다. 매상이 떨어진 다음에 허둥지둥해 봤자 소 잃고 외양간 고치는 격일 뿐이다.

이런 상황을 상상해 보자. 즉 당신이 남성이라고 가정하자. 당신에게는 좋아하는 여성이 있고, 운좋게 그녀와 데이트를 하게 되었다. 당신은 분위기 좋은 레스토랑에서 그녀에게 저녁을 사기로 했다.

우아하게 메뉴판을 펼치자 한가운데 "초특가 할인 세트!!"라는 글자가 대문짝만하게 박혀 있다면 기분이 어떨까? 분위기고 뭐고 음식 맛이 싹 달아나버리지 않을까?

이것은 농담이 아니라 실제로 있었던 일이다. 이 점포의 경영자는 이렇게 말했다.

"어느 요식업 잡지에 〈불황의 파도를 극복한다! 초저가 작전으로 고객을 모으자〉라는 기사가 있기에 고급스러운 점포에서 싼 메뉴를 내놓으면 손님들이 좋아할 줄 알고…."

물론 좋아하는 손님들이 있을지 모른다. "이 가격이면 웬만한 패밀리 레스토랑에 가는 것보다 낫겠는걸!" 하고 말이다.

하지만 좋아하는 손님들이 정말 많다면, 왜 거리는 그런 콘셉트의 점포들로 넘치지 않을까?

반대로 전부터 그곳을 찾던 단골들은 이제 예전의 분위기가 아니라는 것을 눈치 챌 것이다. 지금까지 패밀리 레스토랑보다 50퍼센트 이상 가격이 비싼데도 불구하고 그곳을 찾아오던 손님들은 아마 발길을 끊고 말 것이다.

이 점포에 돈을 벌어 주는 것은 '싸고 가치 있는 음식'이 아니라 '가격은 조금 비싸지만 고급스런 분위기'였던 것이다!

이 점포도 옛날에는 장사가 잘 되었다. 다만, 분위기로 승부하는 점포는 어려움이 있다. 시간이 가고 점차 점포가 눈에 익으면서 처음의 '분위기'를 느낄 수 없게 되기 때문이다.

그렇다, '제철'이 짧은 것이다. 화무십일홍花無十日紅이라는 말도 있지 않은가. 이 점포의 경영자는 언제나 쾌적한 분위기를 느낄 수 있도록 점포를 꾸미는 일을 게을리했다.

점포에 따라 '돈 되는 상품'은 다르다. 이런저런 정보에 현혹되지 말고 자기 점포에 돈을 벌어 주는 상품을 팔아라. 중요한 것은 콘셉트와 신념이다.

돈 되는 상품의
선정 포인트

'돈 되는 상품'을 선정하는 포인트는, 무엇보다 그 점포의 콘셉트나 메뉴와 명확한 연관성이 있어야 한다는 것이다.

상품명만 들어도 그 점포의 간판상품이라는 연상이 일어나는 것이 가장 좋다. 반대로 그 상품에 '왜?' 하는 의문이 든다면 선택을 재고해야 한다.

요리를 잘 아는 경영자는 이런 함정에 빠지기 쉽다. 아는 게 병이라는 뜻이다.

내 친구 중 불고기 체인점을 경영하는 A는 한국 요리를 아주 좋아하고, 자신도 요리를 잘한다. 그래서 손님들이 좋아할 만한 요리를 이것저것 개발하기도 한다.

하지만 그는 요리를 지나치게 잘 알고 있었다. 그가 생각하는 요리는 미식가를 만족시키기에는 좋지만 초보자에게는 적합하지 않았다.

불고기집은 대개 한국 요리 초보자가 찾는 점포이다. 특히 체인점이라면 더욱 그렇다.

하지만 A는 미식가를 위한 메뉴를 번번이 개발하곤 했다. 주위 사람들도 독특한 맛에 놀라며 찬사를 연발했다. 이것이 함정으로 빠지는 길이라는 점은 모른 채 말이다.

다음으로 중요한 포인트는 수익률이 높아야 한다는 것이다.

수익은 본래 한정된 상품으로 벌어들이기 마련이다. 수익률이 높은 상품을 팔면 돈을 벌게 되는 것은 당연하다. 평소 원가가 낮으면서 비싸게 팔 수 있는 상품 개발을 게을리하지 말아야 하는 것이다.

그리고 돈 되는 상품에 조리 공정을 집중하고 정성을 들여서 다른 메뉴와 명확한 차이가 나도록 해야 한다. 정성이 담긴 상품은 비록 원가가 낮아도 손님을 감동시킬 수 있다.

별 생각 없이 고를 수 있는
평범한 것이 돈 되는 상품이다

이런 '돈 되는 상품'에 손님을 자연스럽게 유도 하려면, 별 생각 없이 고를 수 있는 바탕이 필요 하다. 장사가 안 되면 신상품 개발에 골몰한 나머지 이 '자연 스러운 흐름'을 간과하기 쉽다.

어느 점포나 저마다 팔기에 좋은 상품이 있다. 그것을 무시 하고 만든 상품은 애초에 팔리지 않고, 팔린다 해도 오래 가지 않는다.

매상이 나날이 떨어지면 그때는 저가정책을 써보게 된다. 결국 스스로 파멸의 길로 접어드는 것이다. 사람은 모르는 사 이에 최악의 선택을 하기 쉽다.

예를 들어 돈가스집에서 팔기에 좋은 상품은 뭐니뭐니해도 돈가스일 것이다. 이탈리안 레스토랑이라면 피자나 스파게티일 것이다. 이른바 '세컨드 피아트(메인 디시)'인 고기나 생선 요리는 팔기에 나쁘다.

먼저, 당신의 점포에서 팔기 좋은 상품을 발견해야 하는 것이다.

밥·면류 등을 주력 상품으로 내놓으면 식사 수요가 생겨 점포를 찾는 횟수를 높일 수 있다. 닭고기라면 값싸고 친숙한 이미지를 줄 수 있다. 쇠고기라면 사치스러운 느낌을 만족시킬 수 있다. 반면 광우병 파동의 발생으로 건강이나 웰빙 이미지와는 거리가 멀어진다.

이처럼 점포 이름, 업태, 입지, 현재의 명물 요리 등에서 가장 연상하기 쉬운 돈 되는 상품을 선정하는 것이다. 이 안심할 수 있는 바탕 위에 당신의 독자적인 개성을 살리면 평범하면서도 돈 되는 상품을 찾아낼 수 있다!

돈 안 되는 상품은
돈 되는 상품을 잡아먹는다

음식점에서는 '돈 되는 상품' 을 팔지 않으면 성
공할 수 없다. 이 사실을 잘 알면서도 과거에 나
는 '돈 안 되는 상품' 을 파는 실수를 범한 적이 있다.

그 경험을 바탕으로 돈 되는 상품으로 손님을 유도하는 일
이 얼마나 중요한지 살펴보자.

더블차슈라면의 함정

내가 처음으로 라면 전문점의 컨설팅을 맡았던 시절, 그만
큰 실수를 하고 말았다. 그것은 '차슈라면' 차슈는 돼지고기를 삶아 조
리한 것으로 라면 등에 고명으로 얹는다―옮긴이 을 팔았던 일이다.

라면 전문점 경영에는 초보였던 나는 뚜렷한 인상을 줄 수
있는 차슈라면을 내세우면 손님이 많이 몰려들어 수익도 따라

올라갈 거라고 믿었다.

그래서 얇게 저민 차슈를 그릇에 가득 얹어 원가도 낮고 가격도 싼 상품을 개발했다. 나의 논리는 이러했다.

"두꺼운 차슈를 한두 장 얹는 것보다 얇은 차슈를 여러 장 얹는 것이 더 푸짐해 보인다."

나는 우도미야에 있는 〈라면 덴카〉를 새단장할 때 얇은 차슈라면을 시험해보고자 했다. 그러나 사장인 기쿠치 겐이치는 얇은 차슈라면에 반대했다.

차슈를 좋아하는 사람은 차슈의 품질에 까다롭고, 불만이 있으면 그 점포에 발길을 끊어 버린다는 것이다. 라면 마니아에게는 '차슈의 미학'이라는 것이 있는 모양이다.

그래서 결국 전략적으로 두꺼운 차슈를 가득 얹는 라면으로 변경했다. 원가율은 조금 높지만 먹어 보니 맛도 좋고 보기에도 임팩트가 있었다.

어차피 다른 라면도 팔릴 테니 손님들이 많이 오면 이익은 나중에라도 올라갈 거라고 생각했다. 그래서 이름을 '더블차슈라면'이라고 지었다.

점포를 새롭게 단장하여 오픈한 후 더블차슈라면은 날개 돋친 듯 팔리고 매상은 크게 뛰었다. 그러나 더블차슈라면은 실패였다.

왜일까? 월말 손익계산서를 보니 매상이 증가한 데 비해 수익은 올라가지 않았던 것이다.

더블차슈라면을 팔면 손님들은 좋아하는 반면, 수익의 원천인 이른바 '돈 되는 상품'은 그만큼 덜 팔리게 된 것이다.

이는 나중에 알게 된 사실이지만, 차슈라면은 본래 차슈를 좋아하는 사람이 일부러 고르는 메뉴이지, 무엇을 먹을지 결정하지 못한 사람이 고르는 메뉴가 아니다. 말하자면 라면 마니아를 위한 메뉴인 것이다.

그런데도 내가 '더블차슈라면'과 같은 이름을 붙인 바람에, 본래 '차슈라면'을 고를 생각이 없었던 사람들까지 이름에 끌려 주문하게 하는 결과를 빚은 것이다.

아아, 팔려도 걱정인 '더블차슈라면'이여!

나는 무엇을 주문할지 결정하지 않은 '부동 고객'에게 더블차슈라면을 주문하도록 유도한 죄를 지은 것이다. 더블차슈라면은 이 점포에서 두 번째로 잘 팔리는 상품이 되고 말았다.

주문할 생각이 없었던 손님을 끌어들인 실수. 이것이 결과적으로 낮은 수익률로 돌아온 것이다.

부동 고객의
마음을 잡아라

'부동浮動 고객'이란 선거에서 말하는 '부동표浮動票'를 따서 내가 만든 조어이다. 특정한 지지 후보가 없는 유권자처럼 별다른 목적의식 없이 점포에 들어오는 손님을 말한다.

사실은 이런 부동 고객이 돈을 벌어 주는 손님이다.

부동 고객은 상품에 지나친 기대를 하지도, 까다롭게 고르지도 않는다. 그러나 부동 고객은 변덕이 심하다. 메뉴에 구애받지 않으므로 다른 점포로 갈아타기도 쉬운 것이다.

그리고 부동 고객은 충동적이다. 충동을 유발하는 것은 뭐니뭐니해도 강한 인상이다.

때문에 이런 고객을 끌어모아 '돈 되는 상품'을 파는 것이 가장 중요하다.

번창하는 음식점을 눈여겨보라. 어떤 메뉴를 고를지 고민하는 부동 고객으로 가득할 것이다!

이때 나는 가까스로 다음 결론에 도달했다. 즉 라면 전문점에서는 고기를 팔면 안 된다는 것이다!

마니아는 미묘한 맛의 변화에 민감하다. 마니아를 상대로 하면 돈을 벌 수 없다. 그러나 마니아가 좋아하는 것은 모두가 좋아하기 때문에 거기에 영합하고 마는 것이다.

이런 경영자가 간혹 있다.

"당신 같이 맛도 모르는 사람이 하는 칭찬에 누가 좋아할 줄 알아?"

꼭 안 되는 점포 주인이 이런 소리를 하는 법이다.

누구나 좋아하는 음식은 일반적으로 비용이 많이 들어간다. 그러나 대중은 여러 점포의 음식을 먹어 보고 비교하지 않기 때문에, 어지간히 대단한 식재료를 쓰지 않는 한 미묘한 차이를 이해할 수 없다.

그러므로 식재료로 차별을 꾀하려는 노력은 무의미하다. 이는 흔히 빠지기 쉬운 식재료의 함정이다.

부동 고객에게
돈 되는 상품을 팔아라

그러면 나는 어떻게 실수를 만회했을까? 먼저
'더블차슈라면'을 부동 고객에게 팔지 않기로
했다.

이 상품은 메뉴판에서 눈에 띄지 않는 곳에 배치하고, 이름
을 '소돈燒豚라면'으로 바꾼 다음 글자 크기를 줄였다. 그리고
차슈를 좀더 늘려서 값을 980엔으로 올렸다. 가격을 조금만
높여도 구매 의욕은 크게 떨어진다.

더블차슈라면은 '돈 되는 상품'이 아니라 '돈 안 되는 상품'
이었다. 이용 동기를 높이는 데 없어서는 안 될 상품이지만,
적극적으로 팔아야 할 메뉴는 아니었다.

그러나 더블차슈라면은 좋은 점이 있었다. 개당 단위 이윤이
높았던 것이다. 880엔에 팔기에는 비효율적이었던 것뿐이다.

나는 새로이 '돈 되는 상품'을 만들었다.

새 상품은 더블차슈라면과 같은 수준의 이윤을 확보할 필요가 있었다. 이 조건을 충족하는 단가는 780엔이었다.

780엔에 팔아도 이윤이 높은 상품. 그것은 '돈코츠라면'에 조림달걀반숙을 얹은 '달걀돈코츠면'이었다.

고기는 이윤이 남지 않지만 달걀은 얼마든지 얹어도 이윤이 남는다. 이것이 내가 이끌어낸 결론이었다!

달걀돈코츠면은 재료 원가에 비해 가격도 꽤 나간다. 이렇게 해서 나는 주력 상품을 달걀돈코츠면으로 바꾸고, 더블차슈라면은 도태시켰다.

점포의 **가치**에 맞는
주력 상품을 찾아라

이제 구체적인 메뉴 구성 작업에 들어가 보자. 먼저 점포의 목적을 바탕으로 집중적으로 팔 상품을 알아보자.

손님들이 음식만 먹으러 오는가, 아니면 무언가를 즐기러 오는가에 따라 '돈 되는 상품'을 만드는 방법도 달라진다. 그것은 점포의 어떤 가치에 중점을 두느냐로 판단해야 한다.

음식만 먹으러 오는 '상품 지향적' 점포의 전형으로는 '전설의 라면 돈코츠야'가 있다. 이곳은 돈코츠(돼지뼈국물)라면을 파는 집으로, 돈코츠라면 자체에 가치의 초점이 맞추어져 있다.

이럴 경우 집중해야 할 상품은 오로지 돈코츠라면이다. 다른 라면은 구색 맞추기에 지나지 않는다.

당연히 돈코츠라면을 주문하는 비중이 높으므로 이것으로 돈을 벌어야 한다. 얼마나 가치 있고 잘 팔리는 돈코츠라면을 만드느냐가 돈을 벌 수 있는 포인트이다.

이에 비해 라면을 즐길 수 있도록 포지셔닝을 한 '장소 지향적' 점포는 어떠해야 할까? 이럴 경우 라면이라는 분야 전체를 집중적으로 내세울 필요가 있다. 손님들이 선택의 즐거움을 위해 이곳을 찾기 때문이다.

그러나 주문 비율은 일정 부분 경영자가 관리해야 한다. 라면을 몇 가지 카테고리로 나누고 각 상품에 일정한 역할을 부여해야 수익을 올리기가 쉽다.

라면 중에도 더 팔리는 것과 덜 팔리는 것이 있기 때문이다. 모든 상품이 균등하게 팔리는 점포란 없다!

각 상품의 특색을 파악하여 집중해야 할 상품과 기타 상품의 카테고리로 나누면 된다. 어떤 상품을 파느냐는 그 점포의 콘셉트에 따라 결정하면 된다.

주력 상품을
돈 되는 상품으로 만들어라

이번에는 그 상품을 '돈 되는 상품'으로 만들도록 한다. 먼저 목표 원가가 있다고 하자.

라면 전문점의 이상적인 실질 원가율은 25퍼센트 정도이다. 프랜차이즈를 경영할 경우에는 7퍼센트 정도의 비용이 더 들어가기 때문에 이 선에 맞추지 못하면 체인점 결성이 어려워진다.

여기에 식재료의 로스까지 감안하면 이론상으로 원가는 22퍼센트 정도가 되어야 한다.

음식점을 경영하다 보면 이론 원가보다 실제 원가가 3퍼센트 정도 웃도는 것이 일반적이다. 그러므로 돈 되는 상품이 되려면 그보다 5퍼센트 정도는 원가를 낮추어야 바람직하다. 저축을 해두기 위함이다!

생각해 보라. 당신 점포에 대박을 터뜨려 줄 상품이 있는지!

돈 되는 상품을 만들려면 손님이 실제보다 비싸게 여기는 식재료를 사용하고, 그것을 사용함으로써 더 높은 가치를 느낄 수 있도록 해야 한다.

이럴 때 유용한 식재료 중 하나가 마요네즈이다. 마요네즈를 잘 활용하면 히트 상품을 개발할 수 있다.

여러 종류의 라면을 한 자리에서 즐기는 라면 전문점 〈미노 사쿠〉에서는 '마요네즈와 돈코츠 라면'을, 오코노미야키 전문점 〈파스타칸〉에서는 '치즈 마요네즈 오코노미야키'를 히트시킨 바 있다.

이 외에 유용한 식재료로는 가지, 치즈, 새우, 반숙 달걀, 춘권 등이 있다. 이들을 먹음직스럽게 짜 맞추고 적절한 이름을 붙이면 그야말로 돈 되는 상품으로 자리매김할 수 있다!

'폭신폭신' '탱글탱글' '보들보들' '생' '아삭아삭' '바삭바삭' 등 음식의 상태를 나타내는 단어를 붙여도 효과적이다. 단일 점포를 운영하는 곳이라면 '하룻밤 보글보글 끓인'이나 '오리지널' '창작' 등의 표현도 좋다.

다만, 대규모 체인에서는 사용하지 않는 것이 좋다. 과장이라는 것을 손님들이 뻔히 알기 때문이다. 상품의 이름과 점포의 콘셉트는 적절히 어울려야 한다!

상품의 가치를 높였으면 그 상품을 금전으로나 수익으로나 적절한 가격대에 맞춰야 한다. 일본의 경우, 라면은 780엔에서 980엔, 스파게티는 880엔에서 980엔, 돈가스는 1200엔 전후, 셀프 서비스 커피라면 280엔에서 380엔 정도로 맞추는 것이 좋다.

그 점포에는 그곳 나름의 프라이스 존이 있다. 그 가격 정도면 손님이 선택할 수 있는, 아슬아슬한 선을 파악하는 것이 중요하다.

돈 안 되는 상품도
충실히 갖춰라

'돈 되는 상품'이 결정되면, 이어서 '돈 안 되는 상품'을 갖춘다. 우선, 메뉴가 한 가지 장르로 되어 있다면 이용 동기를 넓힐 수 있다.

예를 들어, 라면 전문점에서 하프사이즈 라면을 마련한다면 다양한 동기에 대응할 수 있다. 뿐만 아니라 주 타깃이 아닌 손님을 유도해 고정 고객으로 만들 수도 있다.

또한 맛을 다양화하여 선택의 여지를 만들고, 돈 되는 상품의 가치를 높일 수도 있다. 이는 주력 상품과 나머지 상품을 대비시키는 효과가 있고, 그로 인해 손님 스스로 그 상품을 즐긴다는 기분을 느끼게 할 수 있다.

이럴 때 나머지 상품에 마이너스 효과를 주는 요소를 첨가하면 더 자연스럽게 손님의 마음을 흔들 수 있다.

점포의 모든 상품을 골고루 팔겠다는 생각을 버리는 것이 핵심이다!

반전의 기술
… 주력 상품을 도태시켜라?

간혹 주력 상품을 교체할 기회가 찾아온다.

만약 광우병 파동 때 〈모스버거〉가 쇠고기 패티를 두부 패티로 바꾸었다면, 이들이 이제까지 취해 온 웰빙 노선과도 유기적으로 연결되어 어쩌면 〈맥도날드〉조차 위협했을지 모른다. 당시 햄버거 체인점 중 '안전한 먹거리'나 '웰빙'이라는 이미지와 부합되었던 곳은 이들뿐이었기 때문이다.

하지만 〈모스버거〉는 아무 조치도 취하지 않았다. 이들은 천재일우의 기회를 날린 것이다.

〈맥도날드〉는 수시로 주력 상품을 바꾸는 데에서 타의 추종을 불허한다. 신상품을 도입하여 구상품을 도태시키는 것은, 란체스터의 법칙을 따를 수 있는 강자만의 경영 방식이다. 다른 곳에서 좋은 상품이 나오면 그와 똑같은 상품을 투입하고 뚜렷한 차이를 두지 않는 것이다.

그뿐만이 아니다. 신상품을 연이어 도입하여 약소 기업의 전의를 빼앗아 버린다. 햄버거집을 '상품 지향적'으로 만듦으로써 〈맥도날드〉는 다른 곳을 압도했다.

생각해 보면 햄버거나 치즈버거는 이미 도태된 상품이다. 돈 안 되는 상품을 활용한 데 지나지 않는 것이다.

〈맥도날드〉에서 돈 되는 상품은 감자튀김과 음료이다. 이 두 가지를 결합해 세트 메뉴로 팔아 손님이 무심코 구매하게 함으로써 매상을 올리는 것이다.

감자튀김과 음료의 원가는 놀랄 만큼 싸다! 이제 싼 햄버거는 손님을 끌어들이기 위한 미끼 상품에 지나지 않는다.

그나저나 광우병 파동 때 햄버거를 주력으로 팔았던 패스트푸드사는 크게 휘청거렸을 것이다. 매상의 감소로 영업 전략도 바꿔야 했을 것이다.

햄버거에서 벗어나려고 해도 쉽지는 않다. 쓸만한 타개책이 보이지 않는 것이다. 그들은 햄버거 외의 다른 상품으로 도망치려고도 했다.

그런 와중에 일본의 〈맥도날드〉는 가격을 정가로 되돌리는 커다란 실수를 범했다. 반면 〈롯데리아〉는 햄버거 반액 정책을 지속하여 건투했다.

아무래도 〈맥도날드〉는 자사 상품을 도태시킨 의미를 잊어

버린 듯하다. 결국 그들은 다시 할인 가격으로 돌아와 햄버거 시장은 혼미를 거듭하고 있다.

상황은
언제나 변한다

이러한 현상을 통해 말할 수 있는 것은, 현재 당신이 처한 상황은 좋은 의미로든 나쁜 의미로든 언제라도 변할 수 있다는 점이다.

'돈 안 되는 상품'은 자주 이용하는 손님을 위해, 또는 본래 이용하지 않는 특수한 손님을 위해 마련된 상품이다. 충동적으로 행동하는 일반 대중은 '돈 되는 상품'으로 유도하여 효과적으로 매상을 올리고, 생각지 못한 곳에서 감동을 주어 장기적으로는 그들을 고정 고객으로 만들어야 한다.

손님은 자신이 먹고 싶은 음식이 무엇인지 의외로 잘 모른다. 풍요로운 물질의 시대에 자신이 무엇을 원하는지 스스로도 명확하지 않은 것이다.

반면 이른바 '미식가'들이 즐기는 정말 맛있는 음식을 먹어 보지 못한 사람들도 참으로 많다. 그러므로 정성들여 대접하고 기쁨을 맛보게 하는 음식점은 대단히 중요하다. 손님과 경영자가 오랫동안 좋은 관계를 맺어 서로가 만족하는 것이 좋지 않은가?

란체스터 경영학에서 말하는 약자와 강자의 입장을 잘 이해하고 전략적으로 '돈 되는 상품'과 '돈 안 되는 상품'을 활용한다면 잘되는 음식점은 더욱 번창할 것이고, 비록 지금은 어려운 상황에 놓여 있는 점포라도 성공을 향해 나아갈 수 있을 것이다.

자리가
매상을
깎아먹는다?

★ 음식점의 입지 선정

좋은 자리는
점포에 따라 다르다

음식점은 자리 장사라고도 한다. 그러나 어떤 음식점이냐에 따라 좋은 자리는 전혀 달라진다.

예를 들어 패스트푸드점과 식사형 패밀리 레스토랑은 얼핏 비슷해 보이지만, 패스트푸드점은 식사형 패밀리 레스토랑에 비해 객석 유효 활용도에서 세 배 이상 차이가 난다.

점심시간대를 비교해 보자. 패밀리 레스토랑의 1인당 단가가 750엔인 데 비해 패스트푸드점은 450엔이고, 여기에 3을 곱하면 1,350엔이 된다. 즉 패스트푸드점은 패밀리 레스토랑의 두 배 가까운 매상을 올리는 셈이다.

따라서 패스트푸드점은 땅값이 비싼 지역에 매장을 낼 수 있다. 같은 자리일 경우 패스트푸드점의 임대료 효율이 훨씬 높으므로 당연하다. 패스트푸드점은 많은 사람의 생활에 침투

할 수 있는 편리한 장소에 눈에 띄게 만드는 것이 중요하다.

이에 비해 패밀리 레스토랑은 단순히 자리가 좋다거나 교통 여건이 좋은 것만으로는 채산이 안 맞을 우려가 있다. 임대료 등 경제적인 면을 충분히 고려해서 고르지 않으면 경영이 어려워질 것이다.

손님이 끊이지 않는데도 남는 것이 없다! 식당 안은 언제나 만원인데도 경영자는 울상이다!

웃을 일이 아니다. 혹은 무리한 운영 때문에 결과적으로 매상이 떨어지기도 한다.

내게 교육을 받고 있는 학생 중 하나인 가네이 사장은 〈퍼스트 게이트〉라는 업체를 운영하고 있다. 그는 몇 곳에 선술집을 갖고 있는데, 그 중 하나가 도쿄 가구라자카에 있다.

그곳은 매우 인기가 있어서 예약을 해야 들어갈 수 있다. 밖에서 봐도 늘 사람들로 북적거린다.

그러나 사장은 임대료가 비싸 늘 남는 것이 없다고 한다.

"손님은 많은데 재정은 나아지질 않는군요."

점포에 손님이 끊이지 않는 것을 보면 사장에게 경영자로서의 자질은 있다. 경영 노하우만 제대로 익힌다면 장래가 촉망되는 사람이다.

"돈을 벌고 싶으면, 어떤 면에서는 음식점을 돈 버는 도구로 생각해야 한다."

나는 언제나 이렇게 강조한다. 요즘에야 가네이 사장도 그 의미를 알게 된 모양이다. 다음에 점포를 낼 때는 내게 컨설팅을 받을 생각이라고 한다.

음악을 좋아하는 사람이 CD숍을 차리면 망하기가 쉽다고 한다. 대중성과는 거리가 먼 마니아를 위한 점포가 되기 때문이다.

임대료는
사흘 매상으로 갚아야 한다

중소형 업체의 경영이 어려울 경우, 매상에 비해 점포 임대료가 너무 높은 것은 아닌지 생각해봐야 한다.

임대료는 고정 비용이다. 점포를 얻기 전에 신중히 검토해야 한다. '이만한 자리면 이 정도는 팔리겠지' 하고 안이하게 생각해서는 안 된다. 식탁 수로 가능한 손님 수를 계산하고 하루 매상을 예상하여, 이를 바탕으로 임대료를 조정해야 한다.

아무리 매상을 올릴 자신이 있어도 임대료 교섭을 확실히 해야 나중에도 경영이 편하고 위험 부담을 줄일 수 있다. 설령 매상이 많이 오르지 않아도 임대료가 싸면 최소한 채산은 맞출 수 있을지 모른다.

임대료는 첫 교섭이 중요하다. 나중에 장사가 안 된다고 사정해 봤자 임대료를 내려 주는 경우는 거의 없다.

나는 언제나 매상 대 임대료 비율을 10퍼센트 이내로 유지하도록 권한다. 임대료가 이보다 낮아지면 그만큼 이익으로 돌아오는 것이다.

다만, 임대료를 10퍼센트 이내로 유지하려면 대형 업체가 아닌 한 상당한 노력이 필요하다는 점을 각오해야 한다.

좋은 물건은 부동산 업체를 거치기도 전에 이미 주인이 결정된다. 따라서 중소형 업체는 발품을 파는 수밖에 없다.

자신이 직접 열심히 부동산 업체를 돌아야 한다. 부동산업자에게 자신의 존재를 알려서 '사람이 부지런하니 이 물건을 소개해 줘야겠다' 는 마음이 들도록 해야 한다. 특히 매상 규모가 작은 음식점은 이 점에 주의해야 한다.

만약 임대료가 10퍼센트를 넘어도 설비 투자 비용을 낮출수 있고, 임대료와 감가상각을 더한 값이 매상의 15퍼센트 이내라면 그리 나쁜 물건은 아니다.

또한 임대료와 관계없이 매상이 오르지 않을 때도 많은데, 우선 경쟁 점포가 있을 경우 그렇다.

경쟁 상대는 사업을 좌우하는 큰 문제이다. 아무리 상품에 자신이 있어도 시장 접근 방식이 같고 손님이 '크게 다르지 않다' 고 인식하는 한 서로에게 심각한 영향을 미친다고 할 수 있다.

음식점의 생각과는 달리 손님들은 상품이나 서비스에 대해 의외로 차이를 못 느낄 때가 많다.

"우리 집은 다릅니다!"라고 해봤자 소용없다. 엄마들도 늘 "우리 아이는 달라요!" 하고 부르짖지 않는가.

게다가 경쟁 점포가 유명하기까지 하다면 이쪽으로서는 큰 약점을 이미 안고 있는 셈이다. 골프나 경마에서는 강자가 핸디캡을 안게 되지만, 사업에서는 약자가 핸디캡을 안는다.

명확한 차이를 두고 1 대 1로 맞상대를 한다면 몰라도, 조금 자신 있을까 말까 한 정도라면 경쟁자가 있는 자리에 점포를 내서는 안 된다.

"임대료는 사흘 매상으로 갚을 수 있어야 한다!"
옛사람들은 이렇게 말했다.

무작정
남의 **흉내**를 내지 마라

창업을 한다면서 성공한 음식점을 무작정 따라
하는 사람들이 있다. 대형 업체라면 몰라도 자금
이 부족한 중소형 업체에서는 그런 방식으로는 크게 성장할
수 없다.

사업에는 라이프 사이클이 있다. 성공 법칙도 너도나도 매
달리면 언젠가는 효력이 떨어진다.

지금은 호황인 듯 보여도 언젠가는 경쟁이 붙고 강자가 나
타나 시장을 석권한다. 그리고 자금력이 없는 중소형 업체는
약자가 되어 불이익을 감수하기 십상이다.

음식점 창업을 준비하는 사람이라면 시대의 트렌드에 흔들
리지 말고 '독자성'이 있는 점포를 만드는 것이 좋다.

중소형 업체에서 수익을 내는 것은 시장이 넓어서가 아니

다! 어느 정도 수요가 있고, 경쟁 상대가 없어서 희소성으로 인한 프리미엄을 누릴 수 있기 때문이다.

몇 년 전 시코쿠에 있는 〈쿡 참〉이라는 델리카트슨을 시찰하러 갔다. 그때 함께 간 고객 한 사람이 이렇게 말했다.

"여기서 이만한 가격에 팔리니 도쿄에서도 통하겠지요?"

당신은 알리라 믿는다. 당시 시코쿠에는 경쟁자가 없었다. 따라서 프리미엄 가격으로 판매할 수 있었던 것이다.

그러면 대체 '경쟁'이란 무엇인가? 우선, 장소 경쟁을 들 수 있다.

가로막는 도로도 없이 두 음식점이 나란히 있을 경우에는 좋은 음식점이 이긴다. 손님들은 두 곳 중 한 곳으로 가는 데에 심리적 혹은 시간적 거리차를 느끼지 않기 때문이다.

특히 작은 음식점은 내용이 알찬 쪽이 이긴다. 대형 업체가 소형 업체에 눌릴 수도 있다는 것이다.

슈퍼마켓 초창기에는 작은 점포가 큰 슈퍼마켓에 눌려 쓰러지곤 했다. 그러나 이제는 작은 점포가 대형 체인점을 눌러버리기도 한다.

작은 업체가 큰 업체를 상대로 이기려면 어떻게 해야 하는가? 그 방법은 접근전밖에 없다.

장사가 안 되는 것은 경쟁자가 나타나 자신도 모르게 시장에서 약자로 전락해 있기 때문일지도 모른다.

경쟁자가 없는 곳에 점포를 내라. 아니면 아무도 하지 않는, 섣불리 흉내낼 수 없는 사업을 하라!

외진 곳의 음식점은
존재 자체가 서비스이다

대형 업체가 이미 진출해 있다면, 시간적 거리가
멀어 지금까지 대형 업체에서 돌아보지 않은 곳
을 노리면 경쟁할 염려가 없다.

특히 일상적으로 이용하는 식욕 수요형 음식점은 이용 동기
를 넓혀 손님에게 접근할 수 있게 되므로 시장을 개척할 수 있
다. 그 예로, 일본의 소고기덮밥 시장을 보자.

대형 업체인 〈요시노야〉는 반드시 가장 목이 좋은 자리에
있다. 큰 철도역 내부, 혹은 유동 인구가 많은 큰길가 등이다.

그래서 비슷한 컨셉의 벤처 1호 〈마쓰야〉는 한 급 떨어지는
자리로 눈을 돌렸다. 〈요시노야〉에서 진출하지 않은, 중간쯤
되는 철도역에 점포를 낸 것이다.

이들은 이용 동기를 넓히기 위해 세트 메뉴를 도입하고, 여

자 손님들도 들어오도록 내부를 깔끔하게 꾸몄다.

포인트는 식권발매기였다.

보통은 인건비 절감을 위해 식권 제도를 도입했으리라 생각할 것이다. 그러나 식권발매기가 상당한 고가품이라는 것을 알고 있는가?

나도 여자 손님들을 위해 고객들에게 식권발매기를 도입하자고 몇 번인가 건의했지만, 내 진의를 이해하는 사람은 좀처럼 없었다.

여성들은 '보통'이니 '곱빼기'니 하는 말을 하기 싫어한다. 하물며 종업원이 "여기 곱빼기 하나!" 하고 복창이라도 하면 고개도 못 들 만큼 부끄러워한다. 큰 소리로 주문하지 않아도 되도록 배려한 것이다.〈요시노야〉의 식사 메뉴는 소고기백반과 소고기덮밥 보통, 곱빼기, 특곱빼기뿐이다__옮긴이

역시 비슷한 컨셉의 음식점 〈스키야〉는 더 외진 곳에 점포를 냈다. 편의점도 별로 없던 시절, 음식점이 가장 드문 변두리에 진출해 선수를 친 것이다.

그렇게 이용 동기를 넓힌 후, 카운터 자리밖에 없는 〈요시노야〉나 〈마쓰야〉에 비해 패밀리 레스토랑 같은 분위기를 내기 위해 테이블을 마련하고 메뉴도 카레 등으로 확장했다.

이것이 먹혀들었다.

주변에 음식점이 없었던 까닭에 손님들은 어쩔 수 없이 〈스

키야〉를 이용하게 된 것이다. 선택의 여지가 없어 택하는 음식점만큼 장사하기 편한 곳은 없다.

게다가 한동안 경쟁 상대도 없으므로 손님이 있을 때 그 여세를 몰아 힘을 키울 수 있다. 차근차근 점포 수를 늘리다 보면 별것 아니던 매상도 차츰 올라가게 된다.

우리 집 근처의 〈스키야〉에는 종종 이런 쪽지가 붙어 있다.

"화장실 고장. 사용 금지!"

게다가 의자나 대기용 벤치가 망가져 있을 때도 있다. 에어컨이 고장나거나 바닥에 물이 흥건할 때도 있다.

그러나 손님은 신경 쓰지 않는다. 음식점이 있다는 것만으로도 감지덕지하므로.

이들 세 기업은 지금은 주식시장에 상장도 하고, 시장 규모도 크게 늘어났다.

접근전에서는 **진짜 실력 있는 자가 판을 제압한다.**
⇨ 란체스터 제1 법칙

체인점의 **출점 전쟁**에서
얻는 교훈

출점을 하면 결국은 중앙으로 향하게 된다. 물고기가 많은 곳에 낚시꾼들이 모여드는 이치이다.

입지도 점점 좁아진다. 그 결과 적진에까지 점포를 내게 되므로 '덮밥전쟁' 같은 사태가 일어나곤 한다. 마치 옛날 〈아오야마 양복〉과 〈멘즈 플라자 아오키〉 사이에 일어난 'AA전쟁'과 같다.

하버드비즈니스스쿨의 경영학 교수인 마이클 E. 포터에 따르면 "기업이 위기에 처하게 되는 것은 성장욕 때문이다"라고 한다. 그러나 상장 기업은 주주를 위해 성장해야 하는 숙명을 안고 있다.

우선, 〈마쓰야〉가 맨 먼저 중심지에 진출했다.

소고기덮밥의 비중이 낮은 〈마쓰야〉는 〈요시노야〉와 한 판

승부를 벌이기 위해 소고기덮밥 가격을 290엔으로 내렸다. 소고기덮밥 구성비가 높은 〈요시노야〉의 '아킬레스건'을 친 것이다.

이어서 진격한 〈스키야〉도 가격을 내렸다. 경쟁이 없는 지역에서 장사하며 다양한 수요에 대응하던 〈스키야〉는, 시장 전략도 없고 중심지에서는 취약하다. 결국 가격을 내리는 수밖에 없었을 것이다.

이어지는 가격 경쟁에 〈요시노야〉는 위협 공격을 가했다. 2001년 봄, 250엔 세일을 단행한 것이다.

매진을 거듭한 〈요시노야〉의 세일 공격은 성공적으로 보였지만, 사실은 크게 실패한 것이었다. 이유는 다음의 세 가지로 정리할 수 있다.

첫째, 매스컴의 눈길을 끌게 되어 가격을 더 내리지 않을 수 없었다.

둘째, 프랜차이즈 체인(가맹점)이 많아도 경영상 문제가 없음을 확실히 보여주지 못했다.

셋째, 가격을 내리면 어느 정도 손님이 모인다는 것을 약자에게 알려준 셈이 되었다.

〈요시노야〉의 아베 사장은 매스컴을 통해 탄원했다.

"모두에게 손해인 가격 경쟁 따위는 하고 싶지 않습니다."

대형 업체로서는 이 같은 전략 미스로 인해 죽음에 처할 수 있다.

〈마쓰야〉와 〈스키야〉는 소고기덮밥의 비중이 낮으므로 가격 임팩트 상품으로 삼을 수 있다. 그러나 〈요시노야〉는 소고기덮밥의 비중이 너무 높다.

〈요시노야〉는 2001년 여름부터 '소고기덮밥 보통'을 280엔으로 인하했고, 결국은 250엔으로 정착될 전망이다.

붐이 일면 관심도가 높아지고 손님 수도 비약적으로 늘어난다. 〈요시노야〉의 비관적이고도 소극적인 전망은 앞으로 더 혹독한 환경을 맞을 것이다.

단품 대량 생산에는 한계가 있다. 아무리 좋아해도 하루 세끼를 소고기덮밥만 먹을 수는 없다.

〈맥도날드〉는 저가 공세와 함께 다양한 고객의 요구에 대응하고 있다. 게다가 햄버거는 주력 상품이 아니다. 지금까지 〈맥도날드〉를 이용하지 않던, 본래는 밥을 먹던 사람들을 노린 '대체 상품'으로 만들었을 뿐이다.

많은 위험 부담을 안은 채 이제 소고기덮밥은 정가 180엔을 향해 굴러떨어지고 있다.

〈스키야〉도 속사정은 마찬가지일 것이다. 중심지에 진출한 까닭에 두 경쟁자와 맞대결을 해야 하고, 시장 규모까지 좁아진 이중고에 시달리고 있다.

이들은 자기 스스로 경쟁을 초래한 것이다. 그 옛날 〈모스버거〉가 그랬던 것처럼.

〈스키야〉는 소고기덮밥의 구성비를 더 내릴 수 있다. 전략만 잘 짜면 〈요시노야〉가 겪고 있는 험난한 상황을 헤쳐나갈 수 있을 것이다. 변두리에서만큼은 〈요시노야〉를 이길 수 있기 때문이다.

아무튼 어느 회사가 최후에 웃게 될지 자못 궁금하다. 어쩌면 그것은 400엔짜리 소고기덮밥을 팔고 있는 〈오토야〉일지도 모른다.

장소가 겹치다 보면 서로가 서로를 의식하게 되므로 점포의 독자성이 희박해진다. 마케팅 믹스 즉 시장접근법이 비슷해지기 때문이다. 하기는 월급쟁이 사회가 되다 보니 어쩔 수 없겠지만.

"저 회사에서는 하는데 왜 우리 회사에서는 안하지?"

"안하면 내 책임으로 돌아오지 않을까?"

"그럼 일단 해보기로 하자."

이제 음식점도 무책임한 월급쟁이 대신 마케팅 전략 컨설턴트를 고용해야 할지 모른다.

음식점은 우선 같은 상권 내에 비슷한 업소가 없는 편이 좋다. 경쟁할 염려가 없기 때문이다.

그러나 언젠가는 누군가 그 자리에 눈독을 들일 것이고, 결국 경쟁을 해야 할 운명임을 잊어서는 안 된다.

장소를 잘 고르면 누구나 강자가 될 수 있다. 다른 업체의 영역을 침범하기 때문에 전쟁이 일어나고, 강자와 약자도 발생한다.

입지 선정의
첫 번째 포인트···**상권**

한 점포에서 손님을 불러모을 수 있는 범위를
'상권'이라고 한다.

인기 있는 업종에다 비슷한 점포가 많은 경우, 손님은 좀더
가깝고 편리한 곳을 선택한다는 것은 말할 필요도 없다. 즉 이
상권은 시간적 거리와의 인과 관계가 크다.

만약 당신이라면 어느 정도 거리의 음식점에 가서 식사를
하겠는가? 특별한 이유가 없다면 대략 10분 정도일 것이다.

특별한 전문 레스토랑은 성격상 멀리서도 부러 찾아오기 때
문에, 확실한 특수성만 있다면 조금 외져 있거나 멀어도 관계
없다.

하지만 다른 음식점의 상권은 의외로 좁다. 도보로 10분, 자
전거로 10분, 자동차로 10~15분 정도이다.

도보로 10분이라면 약 650미터밖에는 안 된다. 자전거로 10분이라면 그 두 배 가량이 되지만, 어느 쪽이든 그렇게 먼 곳까지 일부러 갈 마음은 들지 않는다. 편의점을 생각하면 명백하다.

이 시간적 거리는 장사의 잠재력을 결정하는 요소의 하나이다.

다섯 대 이상의 주차 공간이 없는 음식점의 경우, 특수성이 없다면 도보나 자전거 상권밖에는 상대할 수가 없다.

주차 공간이 다섯 대 이하일 경우는 아무리 작은 음식점이라도 안심하고 주차할 수 없기 때문이다.

어지간히 일찍 가지 않는 한 주차장은 이미 다 차 있을 것이다. 이래서는 주차장이 있으나 마나 하다.

"다른 주차장을 빌리면 안 될까요?"

그렇더라도 없는 것보다는 조금 나은 정도이다. 점포와 인접해 있지 않은 경우, 가령 길 건너편이라면 그도 소용없다. 따라서 주차 공간이 부족한 점포를 임대하려면, 인구 밀도가 높은 곳을 골라야 한다.

반대로 주차 공간이 충분하다면 차로 10분 정도 걸리는 곳에서도 손님을 부를 수 있으므로 기회가 비약적으로 넓어진다. 더욱이 효과적인 광고지라도 넣는다면 좀더 넓은 범위에서 손님을 불러모을 수 있다.

자전거로 10분이라면 기껏해야 1킬로미터 남짓이지만, 자동차라면 적어도 반경 2킬로미터 안에 있는 사람들을 상대로 장사를 할 수 있다. 인구 밀도가 낮을 경우 특히 효과가 있다.

또한 주차장도 생각해서 배치해야 한다. 좌회전해서 들어갈 경우는, 주차장을 앞쪽에 배치해야 넓어 보여서 들어가기가 쉽다.

반대로 우회전해서 들어갈 경우는, 먼 쪽에 배치해야 들어가기가 쉽다. 즉 점포 건물의 오른쪽에 주차장이 있는 것이 좋다(한국의 경우는 그 반대이다).

신기하게도 개인 레스토랑이나 〈로열 호스트〉 계열사들은 반대일 경우가 많다.

입지 선정의
두 번째 포인트 ··· **시인성과 동선**

허기를 채우기 위한 패밀리 레스토랑이나 패스트푸드점은 얼마나 자연스럽게 해당 점포까지 가느냐가 중요하다.

그러기 위해서는 점포가 얼마나 자연스럽게 시야에 들어오는가와, 그 장소까지 어떻게 자연스럽게 도착하는가가 중요하다. 전자를 시인성 visibility, 후자를 동선이라고 한다.

시인성이 나쁜 점포를 개선할 수 있는 장치가 간판, 안내 간판, 외장 이미지이다.

동선이 좋은 장소란 교통 흐름이 원활하고, 사람들이 많이 오가는 장소를 가리킨다.

패스트푸드점에서 점포를 요란하게 꾸미는 것은 시인성을

향상시키기 위함이다.

처음 보는 음식점은 선뜻 들어가기가 어렵다. 하물며 가격이나 내용, 분위기를 모르면 손님은 들어가지 않는다.

맛이 어쩌니저쩌니하는 것은 손님이 모인 다음의 일이다. 무슨 수를 써서라도 손님이 와서 음식을 먹게 한 다음에나 따질 문제라는 말이다.

시인성을 향상시키려면, 우선 점포가 눈에 띄도록 해야 한다. 무엇을 얼마에 팔고 있는지 한눈에 알아볼 수 있도록 안내 간판이나 입간판을 세워 표기할 필요가 있다.

한적한 국도변의 경우, 적어도 100미터 앞에서 점포를 알아보지 못하면 핸들을 꺾어 들어오기가 힘들다. 안내 간판이나 입간판을 세울 때는 이 점을 고려해야 한다.

이어서 추천 요리를 배너 현수막 세로로 긴 현수막을 기둥에 달아 세워 놓은 광고물_옮긴이 으로 연출하면 충동적으로 식욕이 당길 수도 있으므로, 점포에 끌어들일 기회가 늘어난다.

배너 광고의 포인트는 다섯 개 이상을 설치해야 한다는 데 있다. 가능하면 여덟 개의 배너를 1미터 간격으로 설치하면 좋다.

그러나 이것저것 설치하면 효과가 떨어진다. 같은 내용, 같은 색깔의 물건을 설치해야 임팩트가 올라간다.

가격에 자신이 있다면 가격을 표기한다. 사소한 이야기이지

만 "480엔…"이라는 표현보다는 "480엔(작은 글씨로)부터"가
더 효과적이다.

그리고 이름은 감정에 호소해야 한다. 그냥 '된장라면' 보다
는 '특제된장라면' 등으로 임팩트를 주는 것이 좋다.

이 점을 생각하면서 효율적으로 손님을 불러모을 수 있는
점포명, 간판이나 현수막 디자인 등을 연구해야 한다. 일단 손
님이 들어야 단골도 만들 것이 아닌가.

살아남으려면
약한 점포를 노려라

막강한 점포들이 즐비한 곳에 나섰다가는 제풀에 쓰러지기 십상이다. 창업을 할 때는 사전 조사를 철저히 해야 한다.

그러나 그후에 막강한 점포가 진출하기 시작하면 어떻게 하나? 입지 조건이 바뀌는 것은 흔히 있는 일이다.

이런 경우는 막강한 점포에 손님을 빼앗기지는 않을까 걱정하지 말고, 우선 자기보다 약한 점포에서 손님을 빼앗아 올 생각부터 하라!

약한 점포는 대개 이렇다 할 경영 전략이 없고 자금 사정도 어렵기 때문에 반격을 못한다. 아주 싸우기 쉬운 상대라 할 수 있다.

또한 대형 업체도 그 나름의 약점이 있다. 그 약점을 잘 파고들면 이길 수 있다! 비록 경쟁 상대이긴 해도, 손님을 부르는 매개체 역할도 해주는 것이다.

〈가네후지 반찬〉은 이토요카도 백화점의 상식적인 가격에 대해 상식선을 무너뜨리는 싼 가격으로 공략했다.

〈가네후지 반찬〉의 '오리진도시락'은 방부제가 잔뜩 들어 있고 손맛도 느껴지지 않는 편의점 도시락의 약점을 교묘하게 파고들었다.

도시락은 편의점의 주 수익원이지만, 매장에서 조리까지 하지는 못한다. 공장 제품은 아무리 노력해도 공장 냄새가 배기 마련이다.

1 대 1 대결에서 이기려면 가치의 차이가 명확하고, 점포 간의 시간적 거리가 짧아야 한다는 두 가지 필요 조건이 있다.

이 두 가지를 말없이 호소할 것이 아니라 손님에게 적극적으로 알려야 한다. 특히 여자 손님에게는 더욱.

명확한 차이를 보이려면 맛만으로는 부족하다. 가치관을 크게 흔들어 놓을 무언가가 있어야 한다.

그러려면 상식을 깨라! 다른 사람이 뭐라든 신경 쓰지 마라.

그리고 싸움을 걸려면 체인점이 좋다. 한 점포의 사정 때문에 전체 점포의 정책을 바꿀 수가 없으므로, 같은 방식으로 대응해 올 염려가 없다. 또한 작은 일에 일일이 대응할 수 없고, 대응한다 해도 시간이 걸리기 때문이다.

업체가 작다고 약한 것은 아닌 것이다.

차이를 드러내는 상품은 당장 팔아야 하는 것, 새로 만들 여유가 없는 것이 좋다. 반대로 간단히 대량 생산할 수 있는 상품은 대형 업체에 절대 유리하므로 섣불리 손대지 마라.

맞상대할 점포가 있는 경우에는 매상을 예상하기도 쉽다.

내가 그린하우스푸드에 있을 당시 너무 기를 쓰고 경쟁 점포를 두들겨대는 바람에 우시자키 전무로부터 주의를 많이 들었다.

"오쿠보 씨, 상대의 매상을 끌어오는 것은 좋지만 망하게 하지는 말게. 더 센 경쟁 상대가 나타나면 곤란하니까."

경쟁 상대를 망하게 하지는 마라. 더 강력한 상대가 나타나지 않으리라는 보장이 없으므로. 또한 상대가 배수의 진을 치면 어떻게 반격하고 나올지 알 수 없다.

경쟁자를 누르되, 죽여서는 안 된다.

대형 업체와는 확연히 다른, 개성이 강한 점포를 만든다면, 경쟁이 치열한 자리도 좋은 입지로 탈바꿈할 수 있다. 대형 업체가 손님을 부르는 교통발생원 역할을 해주기 때문이다.

손님을 부르는
영업 전략

★ 지금 바로 활용할 수 있는 노하우

음식이
전부는 아니다

일반적으로 사업에서는 '예비 고객'을 물색하여 점포를 찾게 한 다음 상품을 구매하게 하는 단계가 필요하다. 말은 간단하지만, 실제로는 어려운 작업이다.

전문 레스토랑이나 목적형 패밀리 레스토랑은 손님이 일부러 찾지 않으면 영업 자체가 불가능하다. 따라서 치밀한 전략을 세워 고객 확보 단계를 밟아가야 한다.

대중음식점은 이보다 좀더 수월하다. 당신도 알고 있듯이 식욕은 인간의 기본적인 욕구이고, 식사는 일상생활의 하나이다. 따라서 고객 확보 전략만 잘 살리면 경영은 훨씬 수월해질 것이다.

손님을 모으려면 사람들의 욕구를 파악하는 기술과, 먹고 싶은 충동을 일으키는 판매 기술을 습득해야 한다.

하지만 이것만으로는 오래 갈 수 없다. 점포를 경영하다 보면 언젠가는 풍화되어 가기 마련인 것이다.

오래된 점포를 유지하는 데에는 두 가지 방법이 있다.

하나는 동종 업계 내의 상식을 깨는 싼 가격으로 체인점을 열어, 점포 수를 늘려서 시장의 강자가 되는 방법이다. 또 하나는 다른 업체에서는 할 수 없는 무언가를 특화하여, 한정된 시장 안에서 강자가 되는 방법이다.

요메이슈제조라는 주류 회사가 있다. 생약 성분이 가미된 술 '요메이슈'로 유명한 이 업체는, 업계 1위인 삿포로맥주보다 사원 1인당 순이익률이 훨씬 높다. 한 가지를 특화시켜 온 기업은 작지만 강하다.

다만, 이럴 경우는 주식시장 상장까지는 바라지 않는 것이 좋다. 주식을 상장하려면 회사의 몸집을 불릴 필요가 있어서, 뜻하지 않게 시장에서 약자로 전락할 우려가 있다.

목적형 레스토랑은 개성적인 공간과 감동을 낳는 서비스로 손님을 정착시킬 수 있다. 포인트는 아이디어를 생산하는 능력에 있다. 이 점을 외식 벤처 업체에서는 파고들어야 한다.

경쟁이 치열해지면 그 업체만이 갖고 있는 상품이나 특별한 입지, 고객 확보 방법 등에 의해 큰 차이가 생긴다. 여기서 '상품'이란 음식 자체만이 아니라 그 외의 서비스, 판매 방식 전체를 아우른다.

〈맥도날드〉에 손님이 모이는 것은 싸고 편리하기 때문이다. 〈오토야〉가 번성하는 것도 음식이 맛있어서가 아니다. 흔히 "맛만 더 좋으면 더 많이 팔릴 텐데!" 하고 말하지만, 반드시 그렇지는 않다.

시간을 들여 손님과 커뮤니케이션을 취하는 것도 판매 방식의 하나이다. 커뮤니케이션의 효과는 눈에 보이지 않지만 큰 차별화를 가져올 수 있다.

오랫동안 쌓아 온 손님과의 유대는 돈으로 살 수 없는 귀한 재산이다. 나중에 아무리 좋은 음식점이 들어와도, 끈끈한 정으로 맺어져 있는 손님은 쉽게 떠나지 않는 법이다.

다만, 손님이 떠나는 경우는 지금까지 어쩔 수 없이 이용해 왔거나, 혹은 뭔가 큰 실수를 저질렀을 때이다. 손님이 어떤 이유로 떠난다면 그 이유를 알아내고, 손님의 마음을 끌도록 전력을 다해야 한다.

손님이 떠나는 데에는 '계기'가 있다. 만약 새로운 경쟁 상대가 생겨 손님이 뜸해진다면, 그 상대 점포가 계기가 되었다고 할 수 있다. 지금까지는 당신의 점포를 어쩔 수 없이 이용해 왔다는 뜻이다.

더럽다거나, 서비스가 나쁘다거나, 비싸다거나, 나아지는 바가 없다거나 하는 등등 손님이 마음에 담아 둔 불만은 어떤 계기로 인해 '확신'으로 바뀌게 된다.

커뮤니케이션에는 절대 놓쳐서는 안 되는 타이밍이 있다. 바로 경쟁 점포의 실수로 인해 손님이 '외도'를 할 때이다. 실수가 아니라도 어떤 사정으로 손님이 그 점포에 발길을 끊을 때를 놓치지 마라.

엽서 작전은
고객 확보의 시작이다

손님이 목적형 레스토랑을 계속해서 찾는 것은, 사람과 사람 간의 유대를 느끼고 싶어서일 경우가 많다.

유대 관계가 끊어지면 그 음식점에 갈 동기를 잃어버린다. 때문에 적극적으로 커뮤니케이션을 시도해야 한다.

이때 미리 알아야 할 점이 있다. 손님은 종업원의 장삿속을 보고 싶어하지 않는다는 것이다.

손님은 유대 관계를 원하며, '우정의 증거'로서 상품을 산다. 종업원이 우정으로 손님에게 마음을 쓰고 있다고 여기도록 해야 손님은 찾아오는 것이다.

그러므로 손님에게 엽서를 쓸 때는 '팔겠다'는 의지를 너무 드러내서는 안 된다. 장삿속이 엿보이는 순간 손님은 떠나간다.

광고지를 넣을 때도 마찬가지다. 222쪽의 그림은 〈라면 덴카〉에서 폭발적으로 손님을 끌어모았던 광고지이다(이 광고지는 간다 마사노리의 책《입소문 전염병》에 등장하는 '즐거운 유한회사' 데무라 구니히코의 수법을 참고해서 만들었다).

광고지 내용은 모두 손으로 써야 한다. 어디까지나 소박한 느낌이 들도록 해야 한다. 글씨체가 예쁘지 않아도 된다. 인간미가 느껴지면 족하다. 받는 사람 이름까지 모두 손으로 쓰면 더 좋다.

한편 엽서 작전을 실행하려면 매일 10통에서 20통은 써야 하므로 그 작업량이 엄청나다. 이렇게 자주 엽서를 쓰려면 정말 손님 한명 한명의 얼굴을 떠올리지 않을 수 없을 것이다.

또한 적어도 반년은 계속해야 효과가 나타난다는 점을 명심해야 한다. 월급쟁이 중심의 대형 업체로서는 도저히 불가능한 일이다. 하지만 소형 업체도 이 일을 지속하기는 매우 어렵다.

"이렇게 힘들 바에는 차라리 손님을 안 부르고 말겠어!"

그러나 음식점 사장의 입맛에 맞춰 손님이 오고 말고 하지는 않는다. 감당할 수 없을 만큼 밀어닥치거나, 거의 오지 않거나 둘 중 하나일 뿐이다.

엽서를 쓸 수 있는 것은, 이 작전으로 효과를 보았던 사람들

오래된 가게지만 더욱 노력하겠습니다!

글씨가 지저분해 죄송합니다.

어머님들, 곧 있으면 새학기가 시작되겠군요.

방학중에도 청소하며 빨래하며 아이들 식사 준비로 어머님들의 수고가 정말 많으십니다.

저희 〈라면 덴카〉에서 조금이라도 그 바쁜 일손을 덜어 드릴 수 있다면 좋겠습니다.

저희는 여러분 댁에서 자동차로 8분 거리에 있는, 그리 새로울 것 없는 라면 가게랍니다.

오래된 가게지만 여러분의 힘이 되고자합니다.

오늘은 저희 아르바이트생과 직원과 사장이 힘을 합쳐 아이디어를 내 보았습니다.

4/4(수) 신학기 볼륨 세트

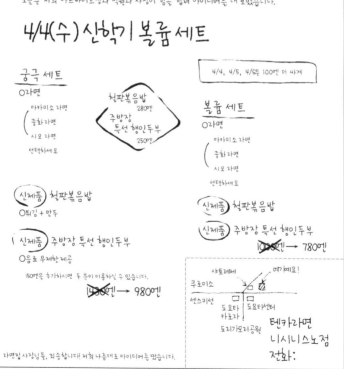

라면집 사장님들, 죄송합니다 저희 나름대로 아이디어를 짰습니다.

뿐이다. 그 효과를 알고 있는 사람은 확신을 가지고 엽서를 쓴다. 도중에 그만두는 사람은 언제까지나 패배자로 남을 수밖에 없다.

엽서 내용은 손님이 찾아주셔서 기쁘고 이에 감사드린다는 것 등 손님과 관련된 내용이 전체의 66퍼센트를 넘어야 한다.

란체스터 경영학 전문가인 다케다는, 1년에 여섯 번은 이런 감사 엽서를 보내라고 말한다. 엽서를 여섯 번 보내면 그 중 두 번은 영업 의식을 조금은 드러내도 되기 때문이다.

영업 의식은 34퍼센트 미만으로 억누르는 것이 좋다고 한다. 하지만 그럴 경우에도 어디까지나 첫머리는 개인적인 편지 형식을 취해야 한다. 그래야 인간미가 느껴지기 때문이다.

〈생마르크〉처럼 결혼이나 생일 축하 카드와 함께 보내는 것도 좋다.

참고로 대폭적인 할인 혜택 같은 것은 필요 없다. 그 사람에게 특별한 것이기만 하면 된다.

또한 새 손님을 소개해 준 사람은 아주 중요하다. 그리고 소개받은 사람에게도 감사 편지와 안부를 잊지말아야 한다. 소개받은 사람이 또 다른 손님을 데려올 가능성이 높아진다.

감사 편지에 "○○님의 주위 분들에게도 소개해 주세요" 하고 덧붙이면 좋다.

두부 요리 전문점인 〈우메노하나〉도 앙케이트를 작성해 준 손님들에게 점장이 직접 편지를 썼다. 이런 정성은 마음의 교류를 낳아 단골을 만드는 힘이 되었다. 도쿄 구루메에서 시작된 이 작은 두부요리점은, 이제는 도쿄 근교에서도 센스 있는 여성들이 즐겨 찾는 음식점으로 성장했다.

그런데 어느 곳이나 회사 규모가 커지면 컴퓨터를 이용하여 홈페이지에 글과 그림을 싣는 것으로 대신하려고 한다. 그러나 고객 확보에는 절대 소홀해서는 안 되는 중요한 일이 있다.

엽서에 **써서는 안 될 말**
⇨ "SALE"
　"사시면 얼마의 이득이…"
　"이 달의 메뉴"

종업원을
활용하라

낮에는 메밀국수, 밤에는 술을 파는 국수 선술집
〈다카다야〉에서는 '룸살롱작전(내가 지은 이름)'
을 실시했다.

음식점에서 음식 외의 것을 상품화한다는 것은 〈맥도날드〉
말고는 누구도 생각하지 못한 일이다. 이는 중소형 업체만이
시행할 수 있는 게릴라 작전인 것이다!

나는 말솜씨가 좋은 여성들을 교육시켜, 그들로 하여금 접
대를 할 때 자기소개를 먼저 하고 손님과 자연스럽게 대화를
나누며 명함을 받도록 했다.

좀처럼 명함을 내놓을 기회가 없는 젊은 직장인들은 기꺼이
자신의 명함을 내줄 것이다. 하물며 젊은 아가씨가 "명함 하나
만 주시겠어요?" 하는 데야.

'혹시 저 아가씨가 나한테 관심이 있나?' 하고 착각하게 만드는 것이다. 게다가 "저는 화요일·금요일·토요일에 나오니까 그날 꼭 오세요" 하는 말까지 건네면 결정적이다.

그리고 며칠 후 그 여종업원으로부터 할인권이 달린 엽서를 받게 된다!

남자는 누구나 엉큼한 마음이 있는 법. 그것을 교묘하게 이용한 것이다.

캐주얼 다이닝 〈T.G.I.FRiDAY'S〉에서도 종업원의 패션 감각이나 퍼포먼스 능력을 중시한다.

미국에도 이와 비슷한 〈Fooders〉라는 레스토랑이 있다. 가슴이 터질 듯 꽉 끼는 미니 티셔츠 차림의 여종업원이 서비스를 하는 패밀리 레스토랑이다.

대형 업체는 사회의 이목에 신경을 쓴다. 그래서 차마 건드리지 못하는 부분이 많다.

섹시 노선은 중소형 업체의 게릴라 전략이다!

이런 점포에서는 자칫 고압적인 인상을 주지 않도록 주문을 받을 때 무릎을 꿇고 손님보다 눈높이를 낮추는 등 불쾌감을 주지 않는 것이 포인트이다.

또한 손님과 대화를 나눌 여종업원을 얼마나 잘 뽑느냐가 고객 유치로 이어진다는 점을 잊어서는 안 된다. 물론 여종업원에게도 타당한 동기 부여를 해주어야 한다.

나만의 **인생 경험**을 살려라

이름은 밝힐 수는 없지만, 내 고객 중 어느 절의 부주지로 있던 T라는 사람이 있었다. 그는 파계 후 절을 나와, 음식점을 열고 싶다며 나를 찾아왔다.

T와 이야기를 하던 나는 그의 커뮤니케이션 능력을 높이 봤다. 나는 그에게 대형 업체에서도 뛰어들지 않고 적은 매상으로도 운영이 가능한 꼬치구이 주점을 권했다.

아는 사람의 체인점에서 연수를 받은 후 그는 점포를 열었다. 연기가 안 나는 꼬치구이 기계에 세련된 실내 장식, 그리고 꼬치구이점이라는 인상이 들지 않도록 입구를 깔끔하게 꾸몄다. 그곳은 여성을 타깃으로 잡은 점포였다.

어느 날 그의 가게를 찾아가 보니 젊은 여성들로 북적거렸다. 혼자 오는 여성도 제법 있다는 데 나는 놀랐다. 어떻게 그럴 수 있었을까? T는 자기 점포를 '설법을 듣는 주점'으로 만들었던 것이다. 그의 인생 경험은 고객 확보에 큰 몫을 했다.

자신의 인생 경험도 고객 확보에 최대한 이용해야 한다!

세련된 점포를 원하면
면접 방식을 바꿔라

당신이 의류 회사 출신으로 패션 감각이 있거나 세련된 공간에서 지내 본 경험이 있다면 그것도 큰 도움이 된다.

오사카에 있는 발니바비의 사토 유히사 사장도 패션업계 출신이다. 그가 경영하는 인기 카페 〈카페 가브〉는 이곳만의 세련된 분위기를 즐기는 손님들로 늘 붐빈다.

우도미야의 인기 카페 〈로베르토 스타일리시 카페〉도 POUR BOIRE PRODUCE라는 의류 회사의 모리 무네히로 사장이 경영하고 있다. 이곳도 밤늦게까지 손님들로 붐빈다.

해외에 자주 드나드는 사람이 아니면 이런 점포를 꾸밀 수 없다.

모리 사장은 우도미야에 있는 후쿠다야 백화점의 〈니콜〉이라는 브랜드에서 사원독립지원제도를 통해 독립했다고 한다.

내가 아는 후쿠다야 간부의 말에 따르면, 이 〈니콜〉은 전국 굴지의 매상을 자랑하는 브랜드로, 최고 수준의 판매원을 고용하고 있다고 한다. 모리 사장은 상당한 해외 출장 경험이 있을 것이다.

이들 점포에는 보통 사람에게는 없는 '감성'이 있다.

〈베니토라 교자방〉의 모회사인 키와코퍼레이션도 마찬가지다.

이들 점포를 지탱하는 것은 세련된 공간에서 지내 본 사장의 경험과 세련된 감성을 지닌 종업원이다.

조금만 감성이 남다른 점포라면, 종업원만 잘 뽑으면 이른바 '세련된 점포'로 탈바꿈할 수 있는 것이다.

이런 경우 흔해빠진 면접을 통해 흔해빠진 사람을 고르면 안 된다. 일단, 자신을 있는 그대로 내보이도록 해야 한다.

우선, 면접 때는 '가장 자기다운' 복장으로 오도록 한다. 그리고 '가장 자기다운' 사진을 가져오도록 한다. 사진을 가져오느냐 마느냐로 면접 결과가 갈린다고 생각해도 좋다.

그리고 "여럿이 찍은 사진은 누구인지 알아볼 수 있도록 해 주세요"라고 덧붙인다. 여럿이 찍든 혼자 찍든 사진은 각기 천차만별이다.

이를 통해 면접자의 취향과 친구 관계, 성격을 파악할 수 있다.

정형화된 이력서를 통해서는 법적인 항목이나 표면적인 경력밖에는 볼 수 없다.

맛뿐만 아니라
이미지로 차별화하라

경쟁 점포와 맛으로 차별화를 이루기란 지극히 어렵다.

지금까지 아무도 생각 못한 음식에 상식 밖의 싼 가격으로 승부하거나, 경쟁 상대가 없는 장소에서 영업하는 것이 최선이다.

그러나 선택의 여지 없이 현 상태에서 활로를 모색해야 하는 중소형 업체도 많을 것이다. 그런 사람들을 위해 맛으로 차별화하는 방법을 간략하게 설명하겠다.

그것은 음식 맛뿐만 아니라 이미지로 차별화하는 것이다.

우선, 내 점포가 경쟁 점포보다 우월하다는 것을 나타내는 방법이 있다. 아니면 반대로 경쟁자의 이미지를 떨어뜨리는 방법이 있다.

어느 쪽이든 일단 적을 만들어야 한다. 구체적으로 이름을 거론하며 비판할 수는 없으므로 일반 대중의 상식에 의문을 던진다. 그리고 가상의 해를 입히는 적을 만들어 불안 심리를 조성하는 것이다.

《입소문 전염병》의 간다 마사노리에 따르면, 키워드는 "○○로부터 보호하자!"는 것이라고 한다.

라면 전문점인 〈미노사쿠〉에서는 여자 화장실에 지하수를 끌어올려 "염소 화합물로부터 우리 몸을 보호하자!"라고 호소한다. 꼭 여자 화장실에만 있는 것이 포인트이다.

음식점에서 수돗물을 쓰는 것은 당연하다. 그 당연한 사실에 의문을 제기한 것이다.

천연수의 효과는 막대했다. 앙케이트 결과를 보면, 경쟁 점포를 이용하지 않는 이유로 천연수 화장실을 꼽는 손님도 있었다.

일본인은 '자연'을 내세우는 정보를 순순히 받아들이는 경향이 있다. 정보를 반복적으로 내보내면 잠재의식에 파고들 수 있다.

이미지를 차별화하는 방법으로, 경쟁 상대보다 가격을 월등히 높여 "○○엔으로는 느낄 수 없는 기쁨이 있다!"는 식으로 미의식이나 특권 의식에 호소하는 것도 좋다.

커피 전문점인 〈스타벅스〉가 성공한 것은, 특권 의식을 자극할 수 있는 '상식 밖의 높은 가격'을 매겼기 때문이다. 자신 없는 업체는 불가능한 일이다.

나는 언제나 주장한다.

"바가지를 씌워라, 그러나 손님을 기쁘게 하라!"

경쟁자보다 월등히 높은 가격을 매겨라! 그리고 그에 부끄럽지 않은 판매 방식을 생각하라!

대형 업체는
1 대 1 승부에 약하다

짧은 기간이지만 〈돈가스 가마쿠라 고에쓰〉(이하 고에쓰)에서 내가 기획하고 실천했던 기습 작전을 소개하겠다.

스탬프 서비스처럼 경쟁 업체에서 흔히 쓰는 방법을 따라하려면 과격한 기습 전법이 좋다. 이른바 〈돈가스 신주쿠 사보텐〉(이하 사보텐) 스탬프 카드 탈취 작전.

〈사보텐〉 스탬프가 찍힌 카드를 가져오면, 스탬프 두 개를 더 찍은 〈고에쓰〉 카드로 교환해 주는 캠페인이다. 상품을 사갈 때 종업원이 말로 제안하는 것이다.

이 작전은 멋지게 성공하여 많은 손님을 끌어모으고 매상도 올렸다.

〈사보텐〉에서 바로 맞대응하지 않았느냐고?

그들은 파트타이머로 운영되는 시스템인데다, 매니저 한 사람이 워낙 많은 점포를 맡다 보니 누구도 눈치채지 못했다고 한다.

〈사보텐〉보다 규모가 작았던 〈고에쓰〉 체인은 이제 50개 점포로 늘어났다.

업종이 다른 경쟁 상대의 상품을 상식 밖의 싼 가격으로 판매하여, 경쟁 업체가 비싸다는 이미지를 심어 주는 방법도 효과적이다.

내가 컨설팅을 맡고 있는 〈라면 덴카〉 체인 옆에 어떤 회사가 돈가스 체인점과 라면 체인점을 나란히 열었다.

이 회사는 우도미야에서도 같은 방식으로 점포를 운영했다. 나는 우도미야점을 참고로 마케팅 전략을 고안했다.

우선 경쟁 점포가 개점하기 사흘 전에 내부 수리를 마치고, 감정에 호소하는 광고지를 배포했다. 그리고 이 〈라면 덴카〉를 이용할 때 얻을 수 있는 구체적인 이익을 명시했다.

예를 들면, 돈가스 정식이 580엔으로 경쟁 점포의 반밖에 안 되는 가격이다. 게다가 돈가스의 품질을 대형 체인점과 같은 수준으로 끌어올렸다.

어째서 라면집에 돈가스 정식을 추가했느냐고?

경쟁 상대가 두 점포로 나뉘어 있는 것을 역이용했을 뿐이다. 여럿이 함께 오면 먹고 싶은 음식이 갈릴 수 있고, 그러면

양쪽 모두 먹을 수 있는 곳으로 오기 마련이다.

뿐만 아니라 정식 가격이 상식 밖으로 싼 것이다. 정식을 먹는 사람은 싼 가격을 점포 선택의 척도로 삼는다.

우리로서는 라면을 먹으러 오는 손님만 많으면 그만이다. 정식은 우리 점포의 주력 상품이 아니므로 모두 480엔으로 정했다.

정식의 가짓수도 라면의 3분의 1로 제한했다. 말하자면 슈퍼마켓에서 화장지 세일로 손님을 끌어모으는 식이다. 즉 정식은 어디까지나 라면을 팔기 위한 도구에 지나지 않는 것이다.

나는 경쟁 상대의 손익분기점이 높다는 점에도 착안했다.

철저하게 정식 할인 행사를 알리는 광고지를 뿌리고, 상대의 자금 사정이 어려워질 때까지 기다렸다. 감가상각이 끝난 점포의 강점은 손익분기점이 낮다는 것이다.

돈을 들여 실내 인테리어를 새로 하는 것보다 돈 들이지 않고 현 상태를 살리는 것이 더 고도의 경영술이다.

〈라면 덴카〉는 오래된 점포의 이점을 그대로 살려 내부 인테리어를 했다. 광고지 문구도 앞서 예를 든 대로 "오래된 가게지만 더욱 노력하겠습니다!"로 했다.

그리고 감가상각이 끝나 가격이 싸다는 점, 화려한 광고 전단은 없지만 그만큼 좋은 재료를 쓴다는 점을 어필했다.

한때는 손님들이 새로움에 끌려 떠나기도 했지만, 이제는 매상도 회복되었다. 그리고 경쟁 점포로 가는 고객을 흡수하기 위해 상권 내에 새로 지점을 열었다.

점포로 이기기보다는 장사로 이겨라! 장사로 이기면 자연스럽게 손님들이 즐겨 찾는 점포를 만들 수 있다.

작거나 오래되었다고 해서 대형 업체를 이기지 못하리라는 법은 없다. 경영 전략이 미숙하니까 이기지 못하는 것이다.

하루하루 경영 전략을 습득하여 빛나는 음식점을 만들자!

그러려면 우선 돈을 들여 공부를 해야 한다.

내 경험에 의하면, 공부에 들인 돈은 반드시 돌아온다. 언뜻 보기에는 낭비 같지만, 남다른 한 가지 경험이 큰 보답으로 돌아오기도 하는 것이다.

옮긴이 서현아

성심여자대학교(현 카톨릭대학)를 졸업하고, 완구 업체에서 근무했다.
지금은 일어 전문 번역가로 활발하게 활동하고 있다.
번역서로는 《만화의 시간》《나는 지금 생각할 시간이 필요하다》
《우울과 부드러움의 이야기》《20대에 꿈꾸는 작은 사랑 이야기》
《스튜디오 지브리 아트북 시리즈》가 있고
만화로는 《배가본드》《야와라》《20세기 소년》《미스터 초밥왕》 등이 있다.

아 무 도   알 려 주 지   않 는
음식점 성공 비결 72가지

초판 1쇄 __ 2002년 12월 20일
개정판 2쇄 __ 2010년 5월 1일

지은이 __ 오쿠보 카즈히코
옮긴이 __ 서현아
펴낸이 __ 심현미
펴낸곳 __ 도서출판 북라인
출판 등록 __ 1999년 12월 2일 제4-381호
주소 __ 서울시 마포구 동교동 159-6 파라다이스텔 1402호(121-816)
전화 __ (02)338-8492   팩스 __ (02)338-8494
이메일 __ bookline@empal.com
ISBN 978-89-89847-49-6
· 잘못 만들어진 책은 바꾸어 드립니다.
· 값은 뒤표지에 있습니다.